学校施設の音環境
保全規準・設計指針

Standard and Design Guidelines for Sound Environment in School Buildings

2020

日本建築学会

本書のご利用にあたって

本書は，作成時点での最新の学術的知見をもとに，技術者の判断に資する技術の考え方や可能性を示したものであり，法令等の補完や根拠を示すものではありません．また，本書の数値は推奨値であり，それを満足しないことがただちに建築物の安全性，健康性，快適性，省エネルギー性，省資源・リサイクル性，環境適合性，福祉性を脅かすものでもありません．ご利用に際しては，本書が最新版であることをご確認ください．本会は，本書に起因する損害に対しては一切の責任を有しません．

改定版刊行にあたって

　日本建築学会では，2004 年より「日本建築学会環境基準（AIJES）」として各種の規準・仕様書・指針等の刊行を推進してきた．一方，これらの規準・仕様書等について，国の法令との関係や実際の場での利用のされ方などを受けて，2016 年 5 月「規準・仕様書等のあり方検討タスクフォース報告書」が答申されるなど，その役割のあり方が議論されてきた．

　2008 年に刊行された AIJES-S-001「学校施設の音環境保全規準・設計指針」は，音環境分野の AIJES として初めて刊行された．制定から 12 年が経過し，第 1 版の内容を見直すとともに，上記の報告書で指摘された免責事項の明確化などの懸案事項に対応することなどが望まれたため，改定版を作成することとした．改定の内容については，2016 年に音環境運営委員会各小委員会およびワーキンググループの委員に対してアンケートを実施し，その結果を受けて改定準備ワーキンググループ，改定刊行小委員会で見直し作業を行ってきた．本書は，その検討結果をとりまとめた改定版として刊行するものである．

　本改定版は，学会が定める改定のプロセスとしては「小改定」にあたるもので，第 1 版で示した音響性能の推奨値については変更していない．変更した点としては，フォーマットを他の AIJES に揃えたほか，主として以下の追記を行った．まず，音環境保全規準の附属書として，「保育施設の音環境」を加え，乳幼児の保育室（就学児の学童保育を含む）に関する規準を示した．音環境設計指針については，近年の学校建築の動向を反映して，音響的な性能が問題となりやすい木造および鉄骨造について記述を加えた．また，特に音響的配慮を必要とする子どもたちのための設計として，「特別な支援を必要とする子どもの学習環境」，「乳幼児の保育空間」を追加した．

2020 年 6 月

日本建築学会

Preface

Various environmental performances are required in school facilities, and acoustic performance is one of these. That is, it is necessary to secure calmness and perform smooth voice communication in schoolrooms. In this standard, the recommended values of acoustic performance that school facilities should maintain are indicated for elementary school, junior high school, and high school.

The standard values for the sound environment of school facilities, mainly for ordinary classrooms, are presented in *Architectural Noise Insulation Performance Standards and Design Guidelines for Buildings* (second edition) edited by the Architectural Institute of Japan and published in 1997. However, there are still many failures related to the sound environment, such as the lack of sound insulation performance in open-plan classrooms, excessive reverberation in gymnasiums and indoor pools, and insufficient reverberation in music rooms. Therefore, this standard (Part I: Environmental Standards for the Sound Environment in School Buildings) defined the recommended values of indoor noise level, airborne sound insulation performance between rooms, floor impact sound insulation performance, and room reverberation as acoustic performances that should exist in school facilities. In addition, the operating performances of the electro-acoustic equipment installed in the auditorium and gymnasium are provided as an annex.

When planning school facilities, target values should be set in consideration of the recommended values indicated in this standard, according to the individual situation, such as the school's educational policies, operation methods, and construction conditions.

Part II, Design Guidelines, describes acoustic problems that occur frequently in school facilities, acoustic performances that should be taken into consideration, and acoustic check points at the locational planning stage of buildings and rooms. Moreover, explanations of the recommended values of the acoustic performances shown in Part I and design guidelines for achieving the recommended values are summarized. Furthermore, acoustic design methods and design examples are presented for open-plan classrooms, gymnasiums, music-related rooms, and classrooms for hearing-impaired children, which are particularly prone to acoustic problems.

Twelve years after the first edition was published in 2008, this revised edition was published. In the revised edition, the format has been adjusted to the current AIJES, and the following additions were made. First, as an annex of Part 1, recommended values of nursery rooms for preschoolers (including afterschool centers for school children) were added. For Part II, reflecting the recent trend of school buildings, chapters about the generally lower acoustic performance of wooden construction and steel-frame construction were added. In addition, for children who need particular acoustic consideration, the chapters "A Learning Environment for Children Requiring Special Support" and "A Nursery Room for Preschool Children" were added.

序（第 1 版）

　学校施設では種々の環境性能が必要であるが，音響性能もそのひとつとして挙げられる．すなわち，教室などの室内で適度な静けさを確保する必要があり，授業の際には音声によるコミュニケーションが支障なく行われる必要がある．とくに言語能力の習得段階にある小学校低学年では，言葉がはっきり聞き取れないと授業内容の理解が妨げられるため，良好な音響性能の確保は教育上の観点からも極めて重要である．そのためには，騒音の防止，諸室の間の遮音性能，室内における響きなどについて，音響的な配慮が必要である．そこで本規準では，小学校，中学校，高等学校を対象として，学校施設が備えるべき音響性能の推奨値を示した．

　学校施設の音環境については，1997 年に発行された日本建築学会編「建築物の遮音性能基準と設計指針（第二版）」に，普通教室に対して，教室間仕切壁の室間音圧レベル差，外周壁・窓の内外音圧レベル差，教室間床の床衝撃音レベル，室内機器による室内騒音レベルが特級，1 級，2 級，3 級の適用等級ごとに定められている．また，普通教室以外の諸室についても 1 級（推奨）相当の基準値が提示されている．このように，教育の場として好ましい空間を確保するための音環境性能の基準値が示されてはいるものの，音環境に関する障害事例は相変わらず少なくなく，たとえばオープンプラン教室の遮音性能不足，体育館や屋内プール等の残響過多，音楽室の残響不足のように，使用上支障となる事例が数多く発生しているのが実状である．さらに最近では，天井高の高いアトリウムの設置やガラスを多用したデザインなど，従来の学校施設には見られなかった空間が増加するなど学校施設の設計手法も多様になっており，室の配置や内装仕上げ材などに関して音環境への配慮が少ない場合には，さらに障害事例が増加することが懸念される．

　そこで，これらの現状の学校施設で生じている障害事例を参考にして，現行の「建築物の遮音性能基準と設計指針（第二版）」で示されている基準値を見直し，学校施設が備えるべき音響性能として，諸室の室内騒音，室間の遮音性能，床衝撃音遮断性能，残響時間の推奨値を新たに示すこととした．

　「建築物の遮音性能基準と設計指針（第二版）」では，普通教室に対して，特級（特別仕様），1 級（推奨），2 級（標準），3 級（許容）というランク付けをしてそれぞれに推奨値が示されており，建築費用や建築条件等を考慮した設定が可能な表現となっている．しかし，本規準（I 学校施設の音環境保全規準）では，教育の場として，すべての学校で学習する児童や生徒に対して，公平な音環境が保持されていることが重要と考え，諸室の活動内容に応じて望ましい値を推奨値としてひとつの数値で示すこととした．それぞれの評価量は，室内騒音は原則として授業時間の等価騒音レベル，室間の遮音性能は室間音圧レベル差または特定場所間音圧レベル差の平均値による評価値あるいは等級曲線による評価値，床衝撃音遮断性能は A 特性音圧レベルによる評価値あるいは等級曲線による評価値，残響（室の響き）は残響時間としている．ここで本規準では，室間の遮音性能，床衝撃音遮断性能の評価

値として，現行の等級曲線による評価値の他に，JIS にも参考として示されている平均値による評価値および A 特性音圧レベルによる評価値を用いている．これは，最近の研究成果に基づいて提案された新たな評価値を採用する一方，わが国独自の等級曲線による評価値が実際の現場に広く浸透していることを考慮し，両者を併記することとした．学校施設の計画にあたっては，学校施設に含まれる室の種類と使用目的ごとに，室内の騒音レベル，内外および室間の遮音性能，室内の響き（残響時間または平均吸音率）について本規準で示した推奨値を考慮した上で，学校の教育方針や運用方法，建築条件など，個別の状況に応じて目標値を設定する．本規準では，学校施設内の各室における音環境の推奨値を示しているが，住宅地に隣接して建設された学校施設では，校庭や校内放送の拡声音やクラブ活動によって発生する音が近隣に迷惑を及ぼす問題が生じており，学校施設の計画にあたっては，これらの点にも配慮することが望まれる．また，講堂や体育館などに電気音響設備が設置される場合には，建築的な音響性能の他に，音声情報を伝達する電気音響設備の動作性能にも十分な配慮が必要である．これに関して，本規準では附属書として示すこととした．

II 設計指針では，学校施設において発生している音響的な問題や考慮すべき音響性能等について述べるとともに，建物や諸室の配置計画段階に留意すべき音響的な項目をまとめた．また，Iの規準で示した各音響性能の推奨値の説明の他に，計画や設計にあたっての留意点などもまとめている．さらに，学校施設の中でとくに音響的な問題が生じやすいオープンプラン教室，体育館，音楽練習室等の諸室，および音響的な対応がとくに必要な難聴学級用教室について，音響設計に対する注意事項と設計例を示す．

2008 年 3 月

日本建築学会

日本建築学会環境基準（AIJES）について

　本委員会では，これまでに，日本建築学会環境基準（AIJES）として13点を発刊するに至っている．また，各分野において，規準等を整備すべく，検討・作成作業が進められてきた．

　AIJESはアカデミック・スタンダードと称し，学会が学術的見地から見た推奨基準を示すことを目的に，「基準」，「規準」，「仕様書」，「指針」のような形で公表されてきた．これらの英文表記は，「Academic Standards for〜」としていたが，この「Academic Standards」には教育水準といった意味もあり，AIJESの目的とは異なる意味に解される場合もあり誤解を生ずる恐れがあるとの指摘も寄せられた．

　そこで，2010年度以降に発刊されるAIJESについては，英文表記を「Standard for〜」等に変更することを決定した．また，既刊のAIJESについては，改定版刊行時に英文表記を変更することとした．

2010年9月

日本建築学会　環境工学委員会

日本建築学会環境基準（AIJES）の発刊に際して

　本会では，各種の規準・標準仕様書の類がこれまで構造・材料施工分野においては数多く公表されてきた．環境工学分野での整備状況は十分ではないが，われわれが日常的に五感で体験する環境性能に関しては法的な最低基準ではない推奨基準が必要であるといえる．ユーザーが建物の環境性能レベルを把握したり，実務家がユーザーの要求する環境性能を実現したりする場合に利用されることを念頭において，新しい学術的成果や技術的展開を本会がアカデミック・スタンダードとして示すことは極めて重要である．おりしも，本会では，1998年12月に学術委員会が「学会の規準・仕様書のあり方について」をまとめ，それを受けて2001年5月に「学会規準・仕様書のあり方検討委員会報告書（答申）」が公表された．これによれば，「日本建築学会は，現在直面している諸問題の解決に積極的に取り組み，建築界の健全な発展にさらに大きく貢献することを目的として，規準・標準仕様書類の作成と刊行を今後も継続して行う」として，本会における規準・標準仕様書等は，次の四つの役割，すなわち，実務を先導する役割，法的規制を支える役割，学術団体としての役割，中立団体としての役割，を持つべきことをうたっている．

　そこで，本委員会では，1999年1月に開催された環境工学シンポジウム「これからの性能規定とアカデミック・スタンダード」を皮切りとして，委員会内に独自のアカデミック・スタンダードワーキンググループを設置するとともに，各小委員会において環境工学各分野の性能項目，性能基準，検証方法等の検討を行い，アカデミック・スタンダード作成についての作業を重ねてきた．

　このたび，委員各位の精力的かつ献身的な努力が実を結び，逐次発表を見るに至ったことは，本委員会としてたいへん喜ばしいことである．このアカデミック・スタンダードがひとつのステップとなって，今後ますます建築環境の改善，地球環境の保全が進むことへの期待は決して少なくないと確信している．

　本書の刊行にあたり，ご支援ご協力いただいた会員はじめ各方面の関係者の皆様に心から感謝するとともに，このアカデミック・スタンダードの普及に一層のご協力をいただくようお願い申し上げる．

　2004年3月

日本建築学会　環境工学委員会

日本建築学会環境基準制定の趣旨と基本方針

(1) 本会は,「日本建築学会環境基準」を制定し社会に対して刊行する．本基準は,日本建築学会環境工学委員会が定める「建築と都市の環境基準」であり,日本建築学会環境基準（以下,AIJES という）と称し,対象となる環境分野ごとに記号と発刊順の番号を付す．

(2) AIJES 制定の目的は,本会の行動規範および倫理綱領に基づき,建築と都市の環境に関する学術的な判断基準を示すとともに,関連する法的基準の先導的な役割を担うことにある．それによって,研究者,発注者,設計者,監理者,施工者,行政担当者が,AIJES の内容に関して知識を共有することが期待できる．

(3) AIJES の適用範囲は,建築と都市のあらゆる環境であり,都市環境,建築近傍環境,建物環境,室内環境,部位環境,人体環境などすべてのレベルを対象とする．

(4) AIJES は,「基準」,「規準」,「仕様書」,「指針」のような形で規定されるものとする．以上の用語の定義は基本的に本会の規定に従うが,AIJES では,「基準」はその総体を指すときに用いるものとする．

(5) AIJES は,中立性,公平性を保ちながら,本会としての客観性と先見性,論理性と倫理性,地域性と国際性,柔軟性と整合性を備えた学術的判断基準を示すものとする．

　それによって,その内容は,会員間に広く合意を持って受け入れられるものとする．

(6) AIJES は,安全性,健康性,快適性,省エネルギー性,省資源・リサイクル性,環境適合性,福祉性などの性能項目を含むものとする．

(7) AIJES の内容は,建築行為の企画時,設計時,建設時,完成時,運用時の各段階で適用されるものであり,性能値,計算法,施工法,検査法,試験法,測定法,評価法などに関する規準を含むものとする．

(8) AIJES は,環境水準として,最低水準（許容値）,推奨水準（推奨値）,目標水準（目標値）などを考慮するものとする．

(9) AIJES は,その内容に学術技術の進展・社会状況の変化などが反映することを考慮して,必要に応じて改定するものとする．

(10) AIJES は,実際の都市,建築物に適用することを前提にしている以上,原則として,各種法令や公的な諸規定に適合するものとする．

(11) AIJES は,異なる環境分野間で整合の取れた体系を保つことを原則とする．

執 筆 委 員

学校施設の音環境保全規準・設計指針改定刊行小委員会

井上　諭　　上野佳奈子　　内田　匡哉　　川井　敬二

河原塚　透　　佐久間哲哉　　土屋　裕造　　福地　智子

平光　厚雄　　矢入　幹記　　渡辺　充敏

益田　勲（イラスト担当）

学校施設の音環境保全規準・設計指針
目　　次

I 学校施設の音環境保全規準

1. 目　　的

本規準では，機能性・健康性・快適性・福祉性の観点から，学校施設における屋内音環境を適切に保全するために必要な音響性能に関する推奨値を示す.

2. 適用範囲

学校施設内の教室および諸室の室内騒音，室間の遮音性能，床衝撃音遮断性能および残響（室内の響き）の推奨値を示す. 対象は，小学校，中学校，高等学校における諸室とする.

本規準では，小学校，中学校，高等学校の諸室を対象としており，小学校入学前に通う保育施設は含まれていない. しかし，言語や聴覚の発達段階にある乳幼児は周囲の騒音や残響による影響を受けやすいことが WHO によっても言及されており，暗騒音や残響などの指標の重要性が認識され始めている. そこで，保育施設（保育所，幼稚園，認定こども園等）における音環境について**附属書 B** に取りまとめた.

3. 引用規格

3.1　日本産業規格

JIS Z 8731　　:2019　環境騒音の表示・測定方法

JIS A 1417　　:2000　建築物の空気音遮断性能の測定方法

JIS A 1418-1 :2000　建築物の床衝撃音遮断性能の測定方法－第 1 部：標準軽量衝撃源による方法

JIS A 1418-2 :2019　建築物の床衝撃音遮断性能の測定方法－第 2 部：標準重量衝撃源による方法

JIS A 1419-1 :2000　建築物および建築部材の遮音性能の評価方法－第 1 部：空気音遮断性能

JIS A 1419-2 :2000　建築物および建築部材の遮音性能の評価方法－第 2 部：床衝撃音遮断性能

JIS A 6301-1 :2015　吸音材料

JIS A 1409　　:1998　残響室法吸音率の測定方法

3.2　国際規格

ISO　3382-2:2008　　　Acoustics – Measurement of room acoustic parameters – Part 2 Reverberation time in ordinary rooms

4. 諸室に必要な音環境

　学校施設において教育・学習活動を効果的に行うためには，教師と生徒および生徒間のコミュニケーションが容易に行えること，また，落ち着きのある空間を実現することが必要である．そのための室の条件としては，屋外や周辺諸室からの騒音の侵入防止，室内における騒音の抑制，さらに室内における響きの抑制が求められる．これらの条件を満たす音響性能としては，次の項目が挙げられる．

・室内騒音

・室間の遮音性能

・床衝撃音遮断性能

・残響（室内の響き）

　教室をはじめとする学校施設内の諸室に必要な音響性能として，諸室における活動内容とそれによる発生音の程度，またその活動に必要な静けさや響きの程度を**表1**に示す．発生音の大きさを小，中(1)，中(2)，大の4段階に，必要な静けさをA（静かな状態が必要とされる室），B（静かな状態が望ましい室），C（それほど静けさを必要としない室）の3段階に，また適度な響きの程度を長め，中庸，短めの3段階にそれぞれ分類する．

表1　諸室における発生音の大きさ，必要な静けさおよび適度な響き

室，場所	活動内容	発生音*1	(床衝撃音*2)	必要な静けさ*3	響きの程度
教室	授業	中(1)		B	中庸
理科室	実験	中(2)		B	中庸
被服室	裁縫実習	中(2)		B	中庸
調理室	調理実習	中(2)		B	中庸
技術・工作室	工作実習，製図	大	(○)	B	短め
音楽室*4	授業（演奏，鑑賞）	大		A	中庸
音楽練習室*4	ブラスバンド練習	大		A	短め
〃	合唱，器楽練習	大		A	長め
視聴覚室・外国語学習室	鑑賞，試聴，発音練習	大		A	短め
特別な支援を必要とする子どものための室	授業，活動	中(1)		B	短め
特別な支援を必要とする子どもが落ち着くための室	休息	大		A	短め
難聴学級教室	聴能・発声訓練	中(1)		A	短め
講堂*4	式典，講演会	大		A	中庸
図書館・図書室	個人学習・本の閲覧	小		A	中庸
〃	グループ学習	中(1)		B	中庸
体育館	授業（体育）	大	(◎)	C	中庸
屋内プール	授業（水泳）	大	(◎)	C	中庸
放送室	校内放送	小		A	短め
放送スタジオ*4	音楽やスピーチの録音	大		A	短め
スタジオ調整室	録音作業	中(1)		A	短め
保健室・診療室		小		A	中庸
職員室・事務室	事務作業，打合せ	中(2)		B	中庸
会議室	会議	中(2)		B	中庸〜短め
食事室（ランチルーム）	食事	中(2)		B	中庸
厨房	給食作り	大	(○)	C	中庸
昇降口	上下足の履き替え	中(2)		C	中庸
廊下・階段・アトリウム	通行	中(2)		C	中庸

*1　小　：主音源は少人数でのコミュニケーションに伴う音声．発生音レベルは室内平均で50 dB程度．
　　中(1)：主音源は授業活動における学級規模での音声伝達・コミュニケーションに伴う音声．発生音レベルは室内平均で50〜70 dB．最大80 dB程度．
　　中(2)：主音源は音声伝達の他に実習・実験などの発生音を伴う．発生音レベルは室内平均で60〜80 dB．最大85 dB程度．
　　大　：学級規模での音声伝達・コミュニケーションに伴う音声の他に作業や運動に伴う発生音や楽器練習，オーディオ再生音などが加わる．発生音レベルは室内平均で70〜80 dB．最大95 dB程度．
*2　○，◎：活動に伴い大きな床衝撃音が発生し，下階で支障となることが予想される室．
　　○　：作業に伴う軽量衝撃源と重量衝撃源の両方が含まれる室
　　◎　：運動に伴う重量衝撃源が主となる室
*3　A：静かな状態が必要とされる
　　B：静かな状態が望ましい
　　C：それほど静けさを必要としない
*4　音楽室，音楽練習室，放送スタジオ，講堂などは，用途によって必要な遮音性能や適切な室内音響特性が異なるため，専門的知識に基づいた詳細な検討が必要である．

5. 音響性能の推奨値

　学校施設の諸室において良好な音環境を保つための音響性能の推奨値を以下に示す．ただし，ここで示す推奨値は，それぞれ下記の状態における値とする．
- ・机，椅子，家具等が備えられた状態
- ・扉，窓などの建具を閉めた状態
- ・人のいない状態
- ・室内騒音については，空調設備等が備えられている場合はそれらを稼働した状態

5.1 室内騒音

　教室などでは，その室内の設備機器などから発生される音や，屋外や他室から伝搬してくる音が授業などの活動の妨げとなる．

　この室内騒音に関して，下記の評価量を用いて推奨値を示す．

5.1.1 評価量

> 　次の評価量を用いて，推奨値を参照する．
>
> **（1）騒音レベル：L_{pA}**
>
> 　周波数重み特性 A をかけて測定される音圧レベルで，A 特性音圧レベルともいう．単位はデシベル(dB)〔JIS Z 8731 参照〕
>
> **（2）等価騒音レベル：$L_{Aeq,T}$**
>
> 　騒音の評価量で，ある時間範囲 T について，変動する騒音の騒音レベルをエネルギー平均の値として表した量．単位はデシベル(dB)〔JIS Z 8731 参照〕

5.1.2 推奨値

> 　**表 2** に，室内騒音に関する推奨値を示す．評価量は，授業時間帯など長時間を対象とする場合は 5.1.1（2）で定義した等価騒音レベルとする[注1]．騒音に妨げられることなく教育・学習活動を行うためには，道路交通騒音や鉄道騒音，航空機騒音などの屋外騒音や機械室等からの伝搬音，室内の設備騒音などの総合的な等価騒音レベルが推奨値以下に保たれることが望ましい．
>
> 表 2　室内騒音推奨値
>
> | 室，場所 | | 推奨値 |
> |---|---|---|
> | A[*1] | 静かな状態が必要とされる室
（音楽室，講堂，保健室等） | 35 |
> | B[*1] | 静かな状態が望ましい室
（教室，工作室，職員室等） | 40 |
> | C[*1] | それほど静けさを必要としない室
（体育館，屋内プール等） | 45 |
>
> *1　A，B，C は**表 1**の分類を示す．

注1　等価騒音レベル（$L_{Aeq,T}$）による評価は，一定の定められた時間（たとえば，授業開始から終了までの時間）を対象とするのが原則であるが，実際の測定では状況に応じて適当に設定してもよい．空調設備など定常的な騒音については稼働時の平均騒音レベル，交通量の多い道路からの騒音を対象とする場合は 10 分程度の時間における等価騒音レベル（時間平均騒音レベル）を測定し，評価すればよい．航空機騒音や鉄道騒音などの間欠騒音の授業などに対する影響は，それらが最大になったときが問題となるので，騒音計の遅い時間重み付け特性（Slow）による最大値を測定し，評価する．

5.1.3　留　意　点

（1）屋外騒音と配置計画

道路・鉄道・飛行機・工場等の屋外における騒音が問題となる場合は，建物・教室配置や建物外壁の遮音に留意する必要がある．また，運動場の発生音が騒音源になることもある．

（2）設備騒音

教室等に空調・換気設備などを配置する場合，総合的な騒音が推奨値以下となるよう，機器選定・ダクト消音計画を行うことが望ましい．また，屋上設備機械置場・近接設備機械室等からの音の伝搬にも留意する．

5.2　室間の遮音性能

隣接する二室間の空気伝搬音に対する遮断性能について，下記の評価量を用いて推奨値を示す．

5.2.1　評　価　量

次の室間音圧レベル差，特定場所間音圧レベル差のいずれかによる評価量を用いて，推奨値を参照する．

（1）室間音圧レベル差

二室間の遮音性能を表す量で，一方の室（音源室）に音源を置き，その内部における室内平均音圧レベルと他方の室（受音室）における室内平均音圧レベルを測定し，その差として求める．単位はデシベル（dB）〔JIS A 1417 参照〕．

この量を測定・表示する場合，以下の二通りの評価量のいずれかを用いる．

1）**算術平均値による評価量**：D_m

　　周波数帯域ごとの室間音圧レベル差の算術平均値．単位はデシベル（dB）〔JIS A 1419-1：附属書 2 参照〕．

2）**等級曲線による評価量**：D_r

　　周波数帯域ごとの室間音圧レベル差を JIS A 1419-1 の附属書 1 で規定する等級曲線によって評価した数値．

（2）特定場所間音圧レベル差

音源室内のある点または限られた領域と，受音室内のある点または限られた領域の間の遮音性能を表す量．音源室に音源を置き，それらの点における音圧レベル（特定位置音圧レベル）あるいは領域における平均音圧レベル（特定領域平均音圧レベル）を測定し，その差として求める．単位はデシベル（dB）．この量は，講堂や体育館などの大規模

な室と隣接する室の間の遮音性能の評価などに用いる〔JIS A 1417：附属書 2 参照〕．

　この量を測定・表示する場合にも，上記の算術平均値による評価量，等級曲線による評価量のいずれかを用いる．

5.2.2　推　奨　値

　表3に，室間の遮音性能の推奨値を示す．教室等において周辺室からの伝搬音に影響されることなく教育・学習活動を行うためには，室間の遮音性能が推奨値以上に保たれることが望ましい．

表3　遮音性能推奨値

音が発生する室 ／ 影響を受ける室		A[*1]	B[*1]
中(1)[*1]	主音源が授業活動における学級規模での音声伝達・コミュニケーションに伴う音声程度の室　　（普通教室等）	45	40
中(2)[*1]	音声以外に実習・実験などの発生音を伴う室　（家庭科室，理科室等）	50	45
大[*1]	作業や運動に伴う発生音，楽器練習やオーディオ再生音が主となる室　　（体育館，音楽室，講堂，技術・工作室等）	60	55

[*1]　　中(1)，中(2)，大，A，B，は表1の分類を示す．
注1　容積が 300 m³ を超える室については，特定場所間音圧レベル差を用い，遮音上配慮すべき位置または領域を設定する．
注2　影響を受ける室 C については，それほど静けさを必要としないため，とくに推奨値を定めない．

5.2.3　留　意　点

（1）室の配置計画

　遮音性能の確保のためには，諸室の配置計画が重要である．講堂や体育館，音楽室など大きな発生音が想定される室と保健室などの静かな音環境を必要とする室の隣接は避ける．さらに，これらの大きな発生音が想定される室と教室との遮音も配置計画の段階で留意する．音楽室等では，前室や準備室などを設けることにより，隣接した他室への音の伝搬を防ぐことができる．

（2）側路伝搬音の防止

　室間の音の伝搬は，界壁，界床などの部材を通してだけでなく，窓や扉などの建具や廊下，階段などを通しても生じる．遮音性能を考える場合，このような側路伝搬についても考慮する必要がある．一般的な建具類の遮音性能はコンクリート壁などに比べて劣るので，それらの単体としての遮音性能，設置位置などを考慮し，壁面全体として十分な遮音性能をもつようにする必要がある．また，廊下や階段を通しての音の伝搬を低減するためには，天井面などを吸音処理することが有効である．

（3）配置計画上，遮音性能の確保が難しい場合

　前述のように，体育館など大きな音の発生が想定される施設と静けさが必要とされる室

とが隣接することはできるだけ避けるべきであるが，配置計画上これが避けられない場合には，標準以上の遮音設計が必要であり，専門的知識に基づいた詳細な検討が必要となる．

（4）オープンプラン教室

小学校などで採用されているオープンプラン型の教室配置では，教室が空間的に連続しているので，上に示した遮音性能の推奨値を満足することは難しい．このような場合にも，音の伝搬をできるだけ緩和するために，教室およびオープンスペースの天井などに十分な吸音処理を施す，什器類の配置を工夫するなどの考慮が必要である〔Ⅱ **設計指針**，4.3 参照〕．

5.3 床衝撃音遮断性能

床に直接衝撃が加わったときに下階の室に発生する音を床衝撃音という．床衝撃音には，机や椅子の引きずり，硬い物の落下などで発生する高い音と，素足や上履のような柔らかい靴底による飛び跳ねや走り回りなどで発生する低い音に大別できる．

これらの床衝撃を考慮した床衝撃音遮断性能について，下記の評価量を用いて推奨値を示す．

5.3.1 評 価 量

> 測定の標準衝撃源に，JIS A 1418-1 の標準軽量衝撃源，JIS A 1418-2 の標準重量衝撃源2 種類が規定されている．
>
> **（1）A 特性床衝撃音レベル**：L_{iA}, $L_{iA,Fmax}$
>
> 標準軽量衝撃源または標準重量衝撃源によって床を加振したときの下階の室におけるA 特性音圧レベルで，単位はデシベル（dB）である．下階の室における A 特性音圧レベルは室内の平均値を測定するものとする〔詳細は JIS A 1419-2：附属書 2 参照〕．
>
> **（2）床衝撃音レベル等級**：$L_{i,r}$, $L_{i,Fmax,r}$
>
> 標準軽量衝撃源または標準重量衝撃源によって床を加振したときの下階の室における音圧レベルをオクターブバンドごとに測定し，その結果を JIS A 1419-2：付属書 1 に規定する等級曲線を用いて評価した数値．

5.3.2 推 奨 値

> 床衝撃音遮断性能の推奨値を**表 4**に示す．なお，衝撃が発生する室を三つに分類した．上階からの床衝撃音により集中力を妨げられることなく教育・学習活動を行うためには，床衝撃音遮断性能を推奨値以下に抑えることが望ましい．
>
> Ⅰ 机や椅子の引きずり，硬い物の落下などの軽量衝撃源が主となる室（一般教室，音楽室など）
>
> Ⅱ 小型の工具や調理器具の落下などの軽量衝撃源および大型工具による衝撃など重量衝撃源の両方が予想される室（工作室，厨房など，**表 1** の○に相当）
>
> Ⅲ 飛び跳ねや運動時の走り回りなどの重量衝撃源が主となる室（体育館，室内プールなど，**表 1** の◎に相当）

　この分類には，体育館が上階に設置された場合の障害が多く指摘されていることから，このような配置計画自体に問題があることに注意を喚起する目的がある.

表4　床衝撃音遮断性能推奨値

衝撃が発生する室（相当する衝撃源）　　影響を受ける室		A[*1]	B[*1]
I	机や椅子の引きずりの発生が予想される 一般教室や音楽室など（軽量衝撃源）	50	55
II	調理器具の落下や大型工具の衝撃が予想される 技術工作室や厨房など（軽量および重量衝撃源）	推奨しない[*2]	45
III	飛び跳ねや運動時の走り回りなどが予想される 体育館や室内プールなど（重量衝撃源）[*3]	推奨しない[*2]	40

*1　A，Bは**表1**の分類を示す.
*2　これに該当するような教室の配置は避けるべきで，問題とならない性能を確保するためには極めて特殊な設計が必要となる.
*3　標準重量衝撃源は，JIS A 1418-2 の附属書1に規定されている衝撃力特性(1)（タイヤ）とする.

5.3.3　留意点
（1）配置計画
　床衝撃音の問題を解決するためには，諸室の配置計画が最も重要である. 特に大きな床衝撃源が想定される室（体育館など）の下階に特に静けさを必要とする室（音楽室や放送室など）を配置するべきではなく，配置計画の段階で避けなければならない.

（2）床衝撃音発生防止の工夫
　床衝撃音を低減するためには，推奨値を満たすこととは別に，机や椅子を引きずる際に発生する衝撃を防止するために，脚部に緩衝材料をつけるなどの工夫も効果がある. また，他の教室が授業時間中には，机や椅子の移動はしないなどの運用上の配慮も重要である.

（3）木　造
　木造において推奨値を実現するのは難しい. しかし. 学校施設の音環境の観点からは，床衝撃音の影響をできる限り緩和する必要がある. 教室の積層を避けた配置計画や，前項に掲げたような運用計画など総合的な観点から計画する必要がある〔**II 設計指針**，4.1 参照〕.

（4）鉄骨造
　鉄骨造はコンクリート構造に比べ床構造が軽量であるが，軽量床衝撃音遮断性能は概ね仕上げ材で決まるため，コンクリート構造と同様に考えればよい. 重量床衝撃音遮断性能に関しては，教室の積層を避けた配置計画や前項に掲げたような運用計画など総合的な観点から計画する必要がある〔**II 設計指針**，4.2参照〕.

5.4　残響（室内の響き）

　室内で音が響きすぎると会話の明瞭性が損なわれるだけでなく，喧騒感も大きくなる．この室内の響きの程度について，下記の評価量を用いて推奨値を示す．

5.4.1　評　価　量

> **（1）残響時間：T**
>
> 　室内の残響の程度を表す量で，音源が停止してから音圧レベルが 60 dB 減衰するのに要する時間．単位は秒（s）〔ISO 3382-2 参照〕．
>
> **（2）平均吸音率：$\bar{\alpha}$**
>
> 　室全体の吸音の程度を表す量で，室内等価吸音面積[注1]を室内全表面積で除した値.

注 1　室内表面の各部位の表面積とその部分の吸音率との積の総和で，吸音力ともいう．単位は平方メートル（m²）
　　　〔JIS A 6301, JIS A 1409 参照〕．

5.4.2　推　奨　値

> 　諸室の残響時間の推奨値を**表 5** に示す．一般の教室では音声によるコミュニケーションを容易にするため，音楽室では音楽教育や音楽演奏に適するため，また，その他の室や空間では残響による騒音の増大や喧騒感を低減するためには，推奨値程度の残響時間を保つことが望ましい．なお，残響時間と室内の平均吸音率はほぼ一定の関係にあるので，**表 5** には平均吸音率の値も参考値として併記した．これらの値は，中音域（1/3 オクターブバンドでは中心周波数 400 Hz, 500 Hz, 630 Hz, 800 Hz, 1 kHz, 1.25 kHz の 6 帯域，オクターブバンドでは中心周波数 500 Hz, 1 kHz の 2 帯域）の平均値である．

表5　残響時間推奨値

響きの程度	室・場所	残響時間[*1]	(参考)平均吸音率
中庸な響きが適する室	普通教室（オープンプラン教室，オープンスペースを含む）	0.6 秒（200 m³程度[*2]）	0.2 程度
	音楽教室（試聴を行う）特別教室（被服室，理科室）校長室，職員室，会議室図書室，自習室	0.7 秒（300 m³程度[*3]）	0.2 程度
	体育館，屋内プール	1.6 秒（5 000 m³程度[*4]）	0.2 程度
	講堂（式典用）	1.3 秒（5 000 m³程度[*5]）	0.25 程度
	食堂，共用スペース（廊下，階段室，昇降口，アトリウム等）	―	0.15 以上
短めの響きが適する室	音楽練習室（ブラスバンド練習用）技術・工作室	0.6 秒（300 m³程度[*3]）	0.25 程度
	特別な支援を必要とする子どものための室	0.5 秒（200 m³程度[*3]）	0.25 程度
	視聴覚室，難聴学級教室等	0.4 秒（300 m³程度[*3]）	0.3 程度
多少長めの響きが適する室	音楽練習室（合唱，器楽練習用）	0.9 秒（300 m³程度[*3]）	0.15 程度

*1　残響時間は室容積に関係するため，代表的な大きさの室に対する残響時間の推奨値を示す．ここで示す容積と大きく異なる場合には，**図1**を参照すること．
*2　一般教室（幅8 m×奥行8 m×高さ3 m程度）の広さの室
*3　一般教室の約1.5倍の床面積の室
*4　バスケットコート1面を持つ体育館に相当する室
*5　800席程度の講堂

5.4.3　留　意　点

（1）室容積と残響時間

　上に述べたとおり，**表5**では各室について標準的な容積を想定して，室の残響時間推奨値とそれに対応する平均吸音率を示した．室の規模（容積）がこれより大幅に異なる場合には，**図1**によって適切な残響時間を設定する必要がある．この図は，室の種類ごとに室容積，平均吸音率（$\bar{\alpha}$），残響時間の推奨値の関係を示したものである．

（2）家具（机・椅子等）の影響

　表5に示す推奨値は，机・椅子等が設置された状態の値である．机・椅子等も吸音・拡散効果をもっているので，それらがない状態では室の残響時間は長くなる．標準的な規模の普

通教室では，机・椅子等による平均吸音率の増加量は 0.02 程度，残響時間の減少量は 0.1 秒前後である．

（3）各室の吸音処理

1）一般教室

　一般教室（天井高 3 m 程度）では，天井面を吸音処理することによって推奨値はほぼ満足される．

2）オープンプラン教室

　オープンプラン型の教室では，オープンスペースも含めて天井を十分に吸音処理することにより響きが抑えられるだけでなく，教室スペース間の音の伝搬を緩和する効果もある．

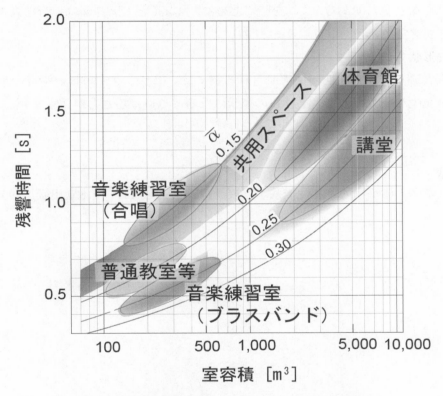

図 1　室容積と残響時間（平均吸音率）の関係

3）音楽教室，講堂，スタジオ，視聴覚教室など

　本規準では，残響時間および室の平均吸音率の推奨値について，中音域の値のみを示しているが，音楽教室，講堂，スタジオ，視聴覚教室など音響特性が特に重要な室については，全周波数帯域にわたって残響時間を考慮して設計する必要がある．これらの室では，一般に残響時間の周波数特性が低音域から高音域にわたってなるべく平坦な周波数特性となることが望ましい．そのためには，仕上げ材料・構造の吸音周波数特性を考慮した詳細な検討が必要である．また，これらの室では，残響の調整以外に，フラッターエコー（鳴

き竜現象）などの音響障害を防止するために，室形状や反射面の形状についても詳細な技術的検討を行うことが望ましい.

4）図書室，自習室（ラーニングコモンズなど）

　自習やグループ学習のための空間として使用されるこれらの室では，自習環境にふさわしい静けさを確保するため，あるいは，グループ学習時の会話や作業に伴う喧噪感の増大を防ぐために，室の響きは普通教室と同等程度に制御されることが望ましい. 内装は，天井面を吸音性材料による仕上げとし，室の規模が大きく残響が長くなる場合は壁面にも吸音処理を施す必要がある.

5）食堂，共用スペース（廊下，階段室，昇降口，アトリウムなど）

　これらのスペースは，一般に容積が大きいために残響過多となりやすく，そのために喧騒感が高くなりがちである. これを防ぐために，少なくとも天井面は十分な吸音仕上げとすることが必要である.

（4）室の形状

面積が大きい平行面や凹曲面で構成される室では，フラッターエコーや音の焦点などの音響障害が発生しやすいので，これらの形状はなるべく避けることが望ましい.

参 考 文 献

日本建築学会：建築物の遮音性能基準と設計指針（第二版），技報堂出版，1997

附属書 A　電気音響設備の動作特性

　学校施設の体育館や講堂では，式典や講演などで多数の聴衆に話者の音声を届ける必要から，話者の声をマイクロホンで集音しスピーカから拡声するための電気音響設備が使用される．このような電気音響設備の動作性能も，学校施設における音環境性能のひとつであり，室内音響性能と同様に適切な性能が確保されることが必要である．電気音響設備の動作特性について，下記の評価量を用いて推奨値を示す．

A.1　評 価 量

（1）**最大再生音圧レベル**
　電気音響設備が歪なく再生できる最大の音圧レベル．
（2）**安全拡声利得**
　マイクロホンで拡声する際のハウリングに対する安定性を表す指標．増幅器の利得をハウリングが生じる限界点から 6 dB 下げた状態のときの，受聴エリア代表点における拡声音の音圧レベルと一次音源によるマイクホロンへの入力音圧レベルとの差で示す．
（3）**伝送周波数特性**
　拡声音の音質に関わるもので，受聴エリア代表点における音圧レベルの周波数特性．
（4）**音圧レベル分布**
　受聴エリアにおける拡声音量の均一性に関わるもので，受聴エリア代表点における音圧レベルの空間的なばらつき．

A.2　推 奨 値

　電気音響設備が備えるべき基本的な性能は，次のとおりである．
・適切な拡声音量がハウリングを発生せずに安定して得られること
・明瞭で良好な拡声音質が得られること
・適切な音量と音質が室内全体にわたって均一に得られること
　これらに対応する動作特性の推奨値を以下に示す．良好な音声コミュニケーションを可能にするためには，下記の動作特性が得られることが望ましい．
・最大再生音圧レベル　：ピンクノイズ信号に対して 85 dB 以上
・安全拡声利得　　　　：－10 dB 以上
・伝送周波数特性　　　：ピンクノイズ信号に対して中心周波数 160 Hz〜5 kHz の 1/3
　　　　　　　　　　　　オクターブバンドレベルで偏差 10 dB 以下
・音圧レベル分布　　　：中心周波数 4 kHz のオクターブバンドノイズ信号に対して
　　　　　　　　　　　　偏差 6 dB 以下

A.3　留　意　点

（1）適切な機器選定

　各種音響機器については，用途，室条件（規模，形状，残響時間等）やスピーカの配置・設置条件を考慮し，適切な性能，操作性，耐久性を有する機器を選定する．特に次の点に留意する．

　　・スピーカ　　　：音質（周波数特性），指向特性，出力音圧レベル（能率），許容入力（定格入力）
　　・電力増幅器　　：定格出力
　　・マイクロホン：音質（周波数特性），指向特性：単一指向性

（2）スピーカの設置条件

　スピーカの配置にあたっては，スピーカの指向範囲[注1]が受聴エリアを適切にカバーするように台数・配置・取付け角度を検討する．特に体育館ではスピーカが正面壁の高い位置に設置される場合が多いので，取付け角度には十分な注意が必要である．また，話者への意識の集中を促すため，音の到来方向についても配慮することが望ましい．

　スピーカを壁面内などに埋め込む場合には，前面の仕上げは音の放射に障害とならないような材料を用いる必要がある．また，スピーカを格納する空間で音がこもることを防ぐために，内部を十分に吸音処理する．

（3）音質補正，レベル調整が可能なシステム構成

　拡声音質は，室内音響特性やスピーカ，マイクロホンの設置条件の影響を大きく受けるため，それらの影響を補正する機能（イコライザ等）をマイクロホン入力およびスピーカ出力に有するシステムとする．また均一な拡声音量を得るために，スピーカごとに出力レベルを調整できるシステムとする．

（4）音響調整の実施

　システム全体としての動作性能を確保するためには，実際にシステムを動作させ聴感的な確認や測定器を使用した物理特性の確認を行いながら，総合調整を十分に行う必要がある．具体的には，機器間の入出力レベルのマッチング，電力増幅器の出力レベルの設定，イコライザ等による拡声音質の補正（マイクロホン入力・スピーカ出力），スピーカ取付け角度の調整などを行う．

（5）操作性への配慮と取扱い説明

　機器の操作は教師や生徒が行うため，操作性について十分配慮する．また，マイクロホンの使い方や音量操作などによって拡声品質が左右されることについて，使用者の理解と操作の習熟を促すために，取扱い方法について十分な説明を行うことが必要である．

（6）メンテナンスの実施

　経年変化による劣化や故障を予防するために，定期的なメンテナンスを実施することが望ましい．

（7）建築設計において気をつけるべき点

　電気音響設備において建築設計に大きく関わる点はスピーカの配置と設置条件である．良好な拡声にはスピーカからの放射音が遮られることなく直接，聴衆に到達することが重要で，これが確保されるスピーカの配置と設置方向とする．またスピーカを壁面や天井の内部に設置する場合には，音の放射を妨げないように十分な開口寸法とし，スピーカ前面の材料や下地の構成，スピーカ設置スペースの吸音処理に留意し，スピーカ本来の性能を損なわない設置条件を確保する．その場合，スピーカのメンテナンスのしやすさについても考慮しておく必要がある．

（8）近隣への配慮

　校庭への拡声については，特に校舎から校庭に向けてスピーカを設置した場合，しばしば拡声音が近隣に対して騒音源となる．スピーカを校庭周囲部に設置し，校庭の内側へ向かって適度な音量で拡声するなどの配慮が必要である．

注1　指向範囲：再生周波数特性の平坦性が保たれている範囲．スピーカの中心軸に対する水平角度と垂直角度で
　　表され，製品のカタログや仕様書には公称指向角度などと標記される．

附属書 B　保育施設の音環境

　保育所をはじめとする未就学児のための保育施設では，子どもや保育者にとって健康で快適な空間が望まれる．保育空間の音環境は，授業などを円滑に進めることに重点を置いた学校施設における音環境とはやや異なり，言語や聴覚の発達の段階にある乳幼児が言語コミュニケーションにおいて周囲の騒音や残響による妨害を受けやすいことを重視する必要がある．この点については，WHO（世界保健機関）の「環境騒音ガイドライン」[1]でも言及されており，欧米諸国などでは暗騒音や残響の許容値に関する規格や基準が定められるなど，その重要性は国際的にも認識されつつある．

　保育のための室では，十分な吸音処理がされていないために残響過多でうるさい環境になっている例が多い．また，多様な活動のために空間をフレキシブルに使う上で移動間仕切壁が用いられることが多いが，これによって遮音性能の確保が問題となる．健康で快適な空間の実現には音環境に十分配慮した設計が不可欠である．

　保育施設に必要な音環境は，学校施設と共通する点も多いが，遊びや午睡などを含む多様な活動がなされるため，特別の配慮が必要となる．そこで，保育のための空間に必要とされる音響的な配慮事項を，本附属書に規準としてまとめた．

B.1　適用範囲

　本附属書は，保育施設（保育所，幼稚園，認定こども園，学童保育所等）における保育室・遊戯室など，子どもが日常の活動を行う空間を主たる範囲とする．乳幼児のための施設とともに，主に小学生が放課後に過ごす学童保育施設についても音環境保全の考え方は同様であり，本附属書を適用可能と位置づける．

B.2　諸室に必要な音環境

　教育・学習活動を主とする小学校以上の学校施設とは異なり，保育空間は自由あそびや歌唱，食事など，物音や自由な発声を伴う活動，読み聞かせなど聞き取りが重要な活動，健康な睡眠が必要な午睡という，幅広い範囲の活動が一日の中で行われる場であり，それぞれにおいて音環境面の配慮が必要である．自由な発声を伴う室内の発生音は学校教室よりも大きくなることがある一方，午睡や休息のための静けさも要求される．これらを踏まえると，室の条件として，喧噪になりがちな室内音環境の吸音による緩和，円滑な言語コミュニケーションのための騒音と残響の低減，静けさが求められる空間への騒音の侵入防止が求められる．さらに，言語や聴覚の発達時期にある乳幼児は言語コミュニケーションにおいて騒音や響きの影響を受けやすいため，学校施設と同等以上の良好な音環境を目指すことが望まれる．**表1**に対応する保育施設の諸室に関する音響性能を**表B1**に示す．

表 B1 保育施設の諸室における発生音の大きさ，必要な静けさおよび適度な響き				
室，場所	活動内容	発生音[*1]（床衝撃音）[*1]	必要な静けさ[*1]	響きの程度
保育室	歌，お話，あそび，食事など	中(2)　　（○）	B	短め
	午睡，休息	小	A	短め
遊戯室	演奏，運動，あそびなど	中(2)　　（○）	B	短め

*1　中(2)，小，○，A，B の区分については**表1**を参照.

B.3 推 奨 値

　保育施設における諸室に必要な音響性能は，基本的には学校施設の音環境保全規準と同様であるが，ここでは，特に保育施設に必要な性能，すなわち，円滑な言語コミュニケーションと睡眠妨害防止の点を考慮して，以下に室内騒音レベルと残響時間の推奨値を示す.

表 B2　室内騒音推奨値（**表2**に対応）		
	室，場所	推奨値
A	静かな状態が必要とされる室 保育室（午睡，休息）	35
B	静かな状態が望ましい室 保育室（歌，お話，あそび，食事など），遊戯室	40

表 B3 残響時間推奨値（**表5**に対応）			
響きの程度	室・場所	残響時間	（参考）平均吸音率
短めの響きが適する室	保育室(単一クラス利用) 保育室(複数クラス利用) 遊戯室	0.4 秒（125 m³ 程度）[*1] 0.5 秒（250 m³ 程度）[*2] 0.7 秒（600 m³ 程度）[*3]	0.25 程度

*1　一般の保育室（床面積 50 m² 程度×高さ 2.5 m 程度）の広さの部屋
*2　一般の保育室の約 2 倍の床面積の室
*3　床面積 150 m² 程度×高さ 4 m 程度の広さの部屋

B.4 留 意 点

　保育施設において特に考慮すべき留意点を以下に挙げる.

（1）会話明瞭性の確保と喧騒感の低減

　室内で音が響きすぎると会話の明瞭性が損なわれるだけでなく，喧騒感も大きくなる．これは乳幼児が一日の大半を過ごす保育空間にとって大きな問題であり，吸音による残響低減への十分な配慮が必須である．そのため，平均吸音率の推奨値を学校教室の 0.2 よりも大きい 0.25 とした.

　保育施設は建築の自由度が高く，複数クラスが共用する広い保育室，高い天井，円弧など凹面を用いた空間設計がなされる例があるが，大空間は長い残響を，凹面は音の焦点をもたらし，音の問題が発生しやすいことに注意が必要である．

（2）静けさの保全

　保育空間は，**表 B1** に示すように，歌やあそびなど日常の活動に伴う音が発生する一方で，午睡や音に敏感な子どもの休息のための空間には静けさの保全が求められる．このため，**Ⅰ 規準**5.1〜5.3 に示される，屋外騒音や設備騒音への対応，室間の遮音および床衝撃音の遮断に関する留意が必要である．室間の遮音性能としては，**表3** において発生音の大きさ中(2)を想定した性能が望まれる．しかし，保育施設では現実的に，遮音に有利な固定された壁で区切る保育室構成ばかりではなく，移動間仕切壁やトイレ等の共用室を介した連続空間，あるいは複数クラスが大きな一つの保育室で活動する保育形式が多く見られる．その場合は，遮音性能の推奨値を満足することは難しいが，静けさの保全のため，**Ⅰ 規準**5.2.3（4）および**Ⅱ 指針**4.3 のオープンプラン教室に対する留意点や設計指針に準じた工夫や配慮が必要である．また，乳児は幼児に比べて午睡の時間が長いことから，乳児用と幼児用のスペースの間の遮音性能は極力確保することが望ましい．

（3）園内外の騒音伝搬に配慮した計画

　保育施設は，鉄道や道路，住宅に隣接して設置されることも少なくなく，外部からの騒音の対策とともに，内部から外部への音の伝搬についても考慮する必要がある．内部の音源は，子どもが発する声や音，拡声器のほかに，敷地境界付近に設置されがちな空調設備の室外機などが挙げられる．

（4）床衝撃音・床振動対策

　保育施設における床衝撃音の問題は学校施設とはやや異なり，乳幼児の午睡に対する影響，集合住宅の一部や複合施設内に設置される場合には他の入居者に対する影響なども考慮しなければならない．屋上の庭園での活動が直下階の入居者に迷惑となることもある．

　主な衝撃源としては，子どもの歩行・飛び跳ね・走り回りなどの比較的重く柔らかい衝撃，玩具の落下などの比較的硬い衝撃が問題となる．このため，床衝撃音遮断性能としては，**表**4 のⅡを想定した性能が望まれる，ただし，保育施設における衝撃源は日常生活に伴うものであり，また，衝撃が発生する活動の時間を調整することも運用上可能であることから，静かな状態を必要とする室（午睡・休息を行う保育室）を下階に配置することは許容される．

参 考 文 献

1）WHO "Guidelines for Community Noise" 1999

Ⅱ　学校施設の音環境設計指針

1. 学校施設をとりまく音環境

1.1 学校施設における音響問題

ここでは，本規準の適用範囲である小・中・高等学校について，学校施設をとりまく音の問題について概観する．

まず学校とその敷地外部との関係についてみると，道路・鉄道・航空機などの交通騒音，地域によっては工場騒音などが外部からの騒音として問題となる．逆に学校で発生する音が近隣地域にとって騒音となっているケースも多く，最近の住民意識の変化によって，学校であっても特別扱いはされなくなってきている．

学校の建物内部では，体育館・音楽室・工作室・廊下などで発生する音が一般教室など他の室で騒音として問題となることがあり，教室間でもお互いに影響を及ぼしあうこともある．

なお，学校建築では，オープンプラン教室の導入，多目的スペースや移動のための大規模な空間の設置，フレキシビリティを重視した空間構成，他の公共施設との複合などが行われる事例が増えており，このような場合には特に十分な音響的配慮が必要である．また，アクティブラーニング，インクルーシブ教育の導入においても，より一層良好な音環境が望まれることにも留意する必要がある．

1.2 学校施設で考慮すべき音響性能項目

他の環境要素と異なり，学校における音環境は，教師・生徒が教育・学習活動の中で音を発生して初めて形成される．このようにして形成される音環境は，当然使用者の意識（活動の仕方）に大きく依存する．したがって，計画・設計時には実際の使用状況を的確に想定するとともに，竣工後にも教師・生徒の運用上の工夫を促す働きかけも必要である．

学校建築において良好な音環境を実現するためには，設計時に基本的な音響性能を確保することがまず必要である．そこで，本規準では，主要な音響性能項目として室内騒音，室間の遮音性能，床衝撃音遮断性能，残響（室内の響き）について推奨値を定めた．各評価量の意味，測定方法，留意点については，次項以降に順を追って述べることとし，ここでは概要を説明する．

（1）室内騒音

教室内において適切な静けさを確保することは，教育活動を支障なく行うための最も基本的な条件である．一般に，無人状態の室内における騒音レベルの推奨値としては，一般教室で40 dB以下，特に静けさが必要な部屋（音楽室・保健室・スタジオ等）で35 dB以下の条件が必要とされる．これらの条件を満たすためには，道路交通騒音などの外部騒音の遮断，隣接諸室からの音の伝搬を防ぐことが必須である．また，最近では空調設備やコンピュータ関連機器など，内部騒音源も増えてきており，各種の設備騒音対策が不可欠となっている．

（2）室間の遮音性能，床衝撃音遮断性能

　上記の室内騒音の条件を満たすためには，外周壁の遮音性能に加えて教室間の界壁の遮音性能および床衝撃音遮断性能の確保が必要となる．これらの必要性能は，隣接する室の組合せ，すなわち音源側（音および衝撃が発生する室）で想定される発生音および衝撃の大きさと，受音側（影響を受ける室）の室内騒音の要求性能との組合せで考える必要がある．発生音に関しては，音声が主要な音源となる教室では，大きいときで騒音レベルで 80 dB 程度となる．一般的な片廊下型の教室配置の場合，隣接した教室間で音響的に支障なく同時に活動が行えるためには D_m または D_r で 40 以上の遮音性能が必要となる．床衝撃音に関しては，教室では足音の他に机や椅子の引きずりなどの衝撃源が想定され，上下階に教室を配置する場合には 55 以上の床衝撃音遮断性能が必要である．

　最近の設計事例では，音楽室や工作室など大きな音が発生される特別教室や体育館を普通教室の近くに配置している例や，木造や鉄骨造など軽量の床構造を採用している例が多くみられる．このような場合には，特に遮音・床衝撃音防止の点で問題になりやすい．また，吹抜けや通路は音の通り道となり，発生音の大きな室が多くの室に影響を与える危険性があるので，遮音区画という概念で空間を分節することが重要である．

（3）残響（室内の響き）

　明瞭に音声を伝達するためには，室内騒音の条件を満足すると同時に，響き（残響）の制御が必要である．残響が過度になると音声の明瞭度を低下させるだけでなく，室内における喧騒感が高まって落ち着かない雰囲気となりやすい．したがって，各室には用途に応じた適切な吸音処理が必要となる．音楽室や講堂など特に音響性能が重要な部屋については，室形状の検討，フラッターエコーなどの音響障害の防止，最適残響時間の設定など，音楽ホールの音響設計に準じた設計が必要であるが，一般的な教室や実験・工作室などについては，天井を適切に吸音し，室全体で 0.2 程度の平均吸音率を確保すれば，ひとまず良好な室内音響条件が確保できる．

　ランチルーム等の名称で設置される多目的室では，種々の音が発生して喧騒感が高まるので，特に吸音処理が必要である．体育館は学校の中でも最も活気が感じられる施設であるが，その用途から往々にして吸音処理まで考えられていない場合が多く，残響過多のために体育授業，競技，集会などがきわめて喧騒感が高い環境で行われている．また，その音が近接した教室などに影響を及ぼしていることもあり，配置計画はもちろんのこと，吸音処理，遮音にも十分な配慮が望まれる．また，近年，エントランスや移動動線の部分に大規模な空間やアトリウムが設けられることが多い．この種の空間は残響が長く，児童・生徒の発生音で喧騒な音環境となりやすいので，十分な吸音処理を施す必要がある．

　なお，オープンプラン教室，屋内運動施設（体育館・プール），音楽室，難聴学級用教室などは，室の用途から上記の音響性能を確保するための考慮が特に必要である．これら諸室に関する留意点については，本設計指針の 4，5 で述べる．

1.3　諸室における音環境条件

　教室をはじめとする学校施設内の諸室に必要な音響性能を規定するにあたって，諸室における活動内容に応じて，発生音と音響性能を以下のように想定した．

（1）室内における発生音

　保健室や放送室をはじめ，室の用途として少人数のコミュニケーションに伴う音声が主音源である場合には発生音レベルは低く，騒音レベルの平均的な値は 50 dB 程度である．

　一般の教室などでは，授業活動における学級規模での音声伝達・コミュニケーションに伴う音声が主音源となる．スタジオ調整室や図書館など，少人数でのコミュニケーションに加えて作業が想定される室においても，発生音は一般の教室と同等と考えてよい．これらの場合の発生音レベルは室内平均で 50〜70 dB 程度，最大 80 dB 程度となる．

　理科室，被服室，調理室などの特別教室では，学級規模での音声伝達のほかに，実習・実験などに伴う発生音が生じる．食事室や昇降口では，会話のほかに配膳や靴箱の開閉音など，廊下・階段等の動線では会話や歩行に伴う音，職員室や会議室では打合せや作業に伴う音が発生音として想定される．この場合の発生音レベルは室内平均で 60〜80 dB 程度，場合によっては最大で 85 dB 程度となることもある．

　音楽室，音楽練習室，視聴覚室，放送スタジオでは，音声のほかに楽器音，スピーカによる再生音が加わる．技術・工作室では，金づちによる衝撃音や電動工具の発生音など非常に高いレベルの音が発生し，作業内容によっては振動を伴うため固体伝搬音としても問題になる．厨房でもこれと同等の発生音が想定される．講堂は全学規模の集会や式典に利用され，スピーカを用いた拡声が行われる．体育館，屋内プールでは，生徒の歓声・動作音，ホイッスル，拡声装置からの音楽などに加えて，走り回りや飛び跳ねなどに伴う床衝撃音が発生する．これら諸室での発生音は大きく，発生音レベルとしては室内平均で 70〜80 dB，最大で 95 dB 程度にもなる．

（2）諸室に必要な静けさ

　学校施設の中で，保健室，難聴学級用教室，音楽室，視聴覚室，講堂などでは，特に静けさを保つことが必要である．放送室でも，マイクロホンに騒音が混入しない程度の静けさを確保する必要がある．

　授業を行う教室（特別教室も含む）では，音声によるコミュニケーションが支障なく行える程度の静けさが必要である．教師の声は一般的に室内平均の騒音レベルで 60〜70 dB，生徒の声は 55〜65 dB 程度であり，これらの音声を良好に聞き取るための室内の騒音レベルとしては 40 dB 程度に抑えることが望ましい．また，図書室，食事室，職員室等などもこれに準じた環境が必要である．

　体育館や屋内プールなどでは，活発な動作を伴う活動が主体であり，一般教室ほどの静けさを必要としない．厨房，昇降口，廊下や階段等の移動空間も同様である．

　以上に述べたように，学校施設に含まれる諸室に必要とされる音響条件は，それぞれの用途によって異なる．発生音の程度，必要な静けさや響きの程度をまとめて Ⅰ 規準　表 1 に

示す．発生音の大きさは，小，中(1)，中(2)，大の4段階，必要な静けさは，A（静かな状態が必要とされる室），B（静かな状態が望ましい室），C（それほど静けさを必要としない室）の3段階に，また適切な響きの程度については，長め，中庸，短めの3段階に分類した．

2.　学校施設の音環境計画

　学校施設として望ましい音環境を実現するためには，本規準で定めた音響性能の推奨値を目標として，建築計画の各段階で適切な音響的検討が必要である．2.1では，建築計画の流れに沿って音響的検討項目を列挙し，学校施設における音環境計画の全体的な枠組みを示す．2.2では，全体計画の段階において重要となる敷地内の施設配置と建物内における室の配置に関して，音響的に配慮すべき点を述べる．

2.1　概　　要

　建築計画の過程において必要な音響的検討項目を，表2.1にまとめて示す．全体計画の段階では，(1)〜(4)の項目について，音響設計の条件設定と配置計画の音響的検討を行う．その後，各部計画の段階では，(5)〜(8)の項目について，主として構法面から遮音構造，吸音処理の検討，設備面から設備騒音対策および電気音響設備の検討を進めていく．その際，全体計画の段階で設定した各室の目標値を確認した上で，その実現のために建築部位と設備の仕様を決定する．以下に各々の検討項目の概要を述べる．

表2.1　音環境計画における検討項目

計画過程		検討項目	検討対象	Ⅰ規準	Ⅱ設計指針
全体計画	条件設定	(1)敷地の音環境調査	幹線道路，高速道路，鉄道，航空機，工場，建設工事，地域全体		
		(2)設計目標の設定	室内，室間，室内外	5.1〜5.4	
	配置計画	(3)敷地内の施設配置	運動場，校舎，体育館，プール，特別教室，通路，設備機器		2.2
		(4)建物内の室配置	各室，廊下，階段，昇降口		2.2
各部計画	構法計画	(5)遮音構造	壁，床，窓サッシ，扉	5.1〜5.3	3.1〜3.3
		(6)吸音処理	壁，天井，床，内装材料	5.4	3.4
	設備計画	(7)設備騒音対策	空調・換気設備，冷暖房設備，教育設備，給排水設備，昇降設備，屋上，機械室	5.1	3.1
		(8)電気音響設備	拡声設備，放送設備	附属書A	3.5

（1）敷地の音環境調査

　音環境計画の当初に，敷地周辺の環境騒音について実態を把握する必要がある．特に，授

業時間帯において騒音が最も大きい状態を調査し，間欠的な騒音に対しては最大値を測定しておく．調査データは，幹線道路や鉄道に面する地域，航空路直下，工場に近い地域において，施設配置による騒音伝搬防止や建物の遮音設計の対策量を検討する際に不可欠である．また，周辺に閑静な住宅地や病院がある場合は，学校側からの騒音伝搬を検討する必要があるため，敷地境界線での環境騒音の状態を調査しておく．なお，自衛隊および米軍の基地に近い敷地で騒音値が一定以上に大きい地域では，防衛省「防衛施設周辺防音事業工事標準仕方書」に定められた工事を行う場合には，補助金の助成が受けられる．

（2）設計目標の設定

　学校施設に含まれる室の種類と使用目的ごとに，室内の騒音レベル，内外および室間の遮音性能，室内の響き（残響時間または平均吸音率）について本規準で示した推奨値を参照した上で，学校の教育方針や運用方法，建築条件など，個別の状況を考慮して目標値を設定する．

（3）敷地内の施設配置の検討

　学校敷地の周辺に道路や鉄道などの交通機関や工場などの騒音源が近接している場合には，それらの影響を受けにくい施設配置を検討する必要がある．また，静穏な環境が必要な住宅地や病院などの施設が近接している場合には，学校内で発生する各種の音が近隣に対して迷惑とならないような配置も考慮する必要がある〔2.2.1 参照〕．

（4）建物内の室配置の検討

　学校施設には，発生音の大きさと静けさの要求レベルが異なるいろいろな用途の室が含まれるため，各室での活動状況や動線を把握し，発生音の大きな室と静けさを必要とする室を区画して配置することが必要である．また，体育館・屋内プール・工作室・厨房のように大きな床衝撃音を発生する施設は，静けさを必要とする室の上階への設置を可能な限り避ける〔2.2.2 参照〕．

（5）遮音構造の検討

　各室の用途や隣室との組合せに応じて，外周壁や室間の界壁・建具および界床の遮音構造を検討する．外周壁については，外部騒音の状態と室内騒音の目標値から必要遮音量を求め，主に窓サッシなどの選定を行う．外部騒音が特に大きい場合には，必要に応じて気密型や二重窓を採用する．室間の壁や廊下側の扉・内窓については，室間の遮音性能の推奨値を目標として，各部位の性能のバランスを考えて決めていく．その際，廊下を介した側路伝搬を低減するために，廊下内部の吸音処理を組み合わせた検討を行う．床については，床衝撃音遮断性能の目標値を満たすように，床構造と床仕上げを決定する．なお，木造の場合は特別な技術的検討が必要である．

（6）吸音処理の検討

　各室の用途に応じて室内の響きを調整するために，吸音の部位を設定し，吸音構造・材料の選定を行う．その場合，残響時間（または平均吸音率）の目標値に対して，室の容積と表面積から必要な等価吸音面積（吸音力）を計算し，それに基づいて内装材料の配分を決める．

吸音材料を選定する場合，吸音の周波数特性にも注意を払う必要がある．体育館・講堂・音楽室などについては，音楽ホールに準じた詳細な音響設計を行うことが望ましい．なお，通路部分や階段室などは音の伝搬路となりやすいので，それを防ぐためにも，天井などを吸音処理することが必要である．

（7）設備騒音対策

最近では，学校の諸室に換気装置，空調設備，映像設備などが設置されるようになってきた．これらの装置・機器の発生騒音が授業などの活動に支障とならないように，装置・機器の選定にあたっては，音響的な面からの考慮も必要である．また，給排水設備，昇降設備，屋上設備や機械室で発生される振動が建物の構造体中を伝わり，教室などで騒音として放射される固体伝搬音の問題についても注意する必要があり，必要に応じて機器の防振対策を行う．

（8）電気音響設備の検討

講堂・体育館など電気音響設備による拡声が必要となる室内では，良好な音声伝送品質が確保されるように適切な機器・システムを選定し，適切な部位にスピーカを配置する．

2.2　配置計画における音響的配慮

2.2.1　建物の配置計画

（1）外部騒音対策

交通量の多い道路などの外部騒音源に面する側には，**図2.1**に示すように，屋外運動場などのオープンスペースをとる，あるいは体育館やプールなど内部発生音が大きく外部の騒音の影響を受けにくい施設を配置する．

外部騒音の侵入を防ぐための対策としては，防音塀の設置が効果的である．また，外部騒音を遮蔽する位置に高層の建物を配置することも有効である．生け垣や並木などは騒音源を視覚的に遮る効果はあるが，騒音を減衰させる物理的効果はほとんど期待できない．

（2）周辺地域への配慮

運動場，体育館，工作室，音楽室などで日常的に発生される音や，文化祭，運動会等のイベントの際に発生される音が周辺地域に迷惑を及ぼすことが多い．このような問題を避けるために，運動場や体育館などは道路など外部騒音の大きい側に配置し，静けさが要求される住宅地の側には騒音発生の少ない室を配置する．校庭に拡声用スピーカを設置する場合には，近隣に対する影響を考慮して，その取付け位置と向きおよび音量に注意する必要がある〔**図2.2参照**〕.

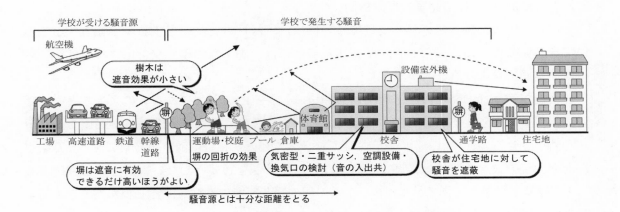

図 2.1　学校をとりまく騒音と音響計画の概念図

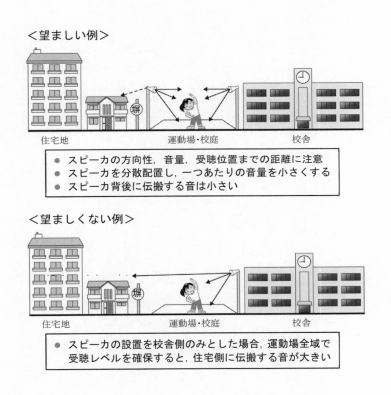

図 2.2　運動場のスピーカの設置例

2.2.2　建物内における諸室の配置計画

　道路などの外部騒音の影響を受けやすい側には，静けさを必要とする室を配置することはできる限り避ける．やむを得ず配置する場合には，廊下などのサウンドロックスペース（緩衝空間）を設けることが望ましい．

　建物内で教室など諸室の配置を決める際には，各室内で発生される音の大きさと室内騒音の推奨値を考慮する．体育館や音楽室などの発生音の大きな室と静けさが必要とされる室を隣接させる場合には，高い遮音性能が必要となるため，特に注意が必要である．音楽室など発生音の大きな室には，廊下や倉庫などの静けさを必要としない緩衝空間を隣接させると，遮音上効果的である．また，上下階の間の騒音伝搬にも注意する必要があり，上階に体育館や工作室など床衝撃音を発生しやすい室を配置することは，極力避ける．

　外部騒音および学校内部で発生される騒音の影響を避けるために必要な教室の配置における配慮事項を**図 2.3** に示す．

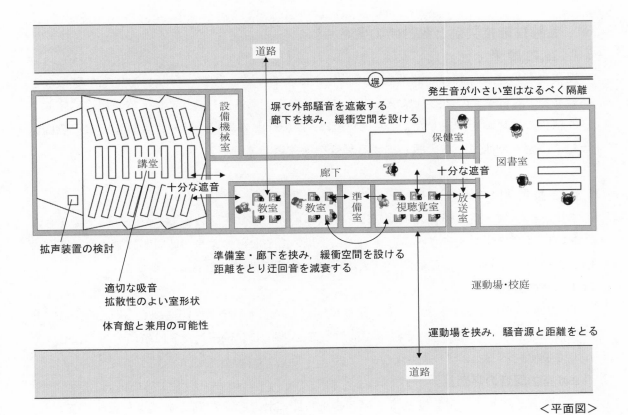

道路

塀で外部騒音を遮蔽する
廊下を挟み，緩衝空間を設ける

発生音が小さい室はなるべく隔離

設備機械室

講堂

十分な遮音

保健室

廊下

十分な遮音

図書室

教室　教室　準備室　視聴覚室　放送室

拡声装置の検討

準備室・廊下を挟み，緩衝空間を設ける
距離をとり迂回音を減衰する

運動場・校庭

適切な吸音
拡散性のよい室形状

体育館と兼用の可能性

運動場を挟み，騒音源と距離をとる

道路

＜平面図＞

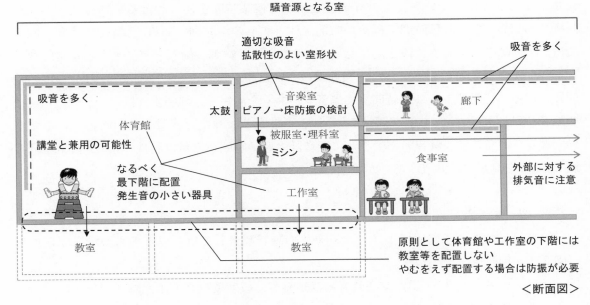

騒音源となる室

適切な吸音
拡散性のよい室形状

吸音を多く

吸音を多く

音楽室

廊下

講堂と兼用の可能性

太鼓・ピアノ→床防振の検討

体育館

被服室・理科室
ミシン

食事室

なるべく
最下階に配置
発生音の小さい器具

工作室

外部に対する
排気音に注意

教室

教室

原則として体育館や工作室の下階には
教室等を配置しない
やむをえず配置する場合は防振が必要

＜断面図＞

図 2.3　教室の配置における音響的な配慮事項

3. 音響性能推奨値と設計時の留意点

3.1 室内騒音

授業などの学校における諸活動では，音声によるコミュニケーションや音楽の聴取などが容易で，落ち着きのある音環境を保つことが重要である．そのために，室の用途に応じて室内騒音の推奨値を設定した．この推奨値は，授業などの教育活動の背景騒音となる設備騒音および屋外や他室から伝搬してくる騒音を対象としている．

3.1.1 推奨値について

本規準に示した室内騒音の推奨値は，各室の用途に応じて，教育・学習活動に支障をきたさない程度の騒音の大きさを示したもので，机・椅子などの家具・什器が設置され，空調設備・各種教育設備などの稼働時で，人のいない状態における騒音レベルである．

（1）室の分類

Ⅰ 規準　表1に示すとおり，室の用途に応じてA（静かな状態が必要とされる室），B（静かな状態が望ましい室），C（それほど静けさを必要としない室）の3段階に分類し，それぞれの推奨値を示した．

（2）室内騒音の評価量

等価騒音レベル$L_{\text{Aeq},T}$は，変動する騒音の長時間にわたる平均騒音レベルを意味しており，一般環境騒音の評価量として広く用いられていることから，本規準における室内騒音の評価量としても採用している．この評価量を用いて授業時間全体にわたる平均騒音レベルを評価する場合には，評価時間Tはその時間全体とするのが原則である．しかし，実際の測定では，状況に応じて適当に設定してもよい．すなわち，空調設備などが発生する定常的な騒音については稼働時の騒音レベル，交通量の多い道路からの騒音については10分程度の時間における等価騒音レベル（時間平均騒音レベル）を測定し，評価すればよい．一方，航空機騒音や鉄道騒音などの間欠騒音は，それらが最大となったときに会話が妨害されるなどの問題が生じるので，騒音の発生ごとに騒音計の遅い時間重み付け特性（Slow）による最大値$L_{p\text{A,Smax}}$を測定し，評価するのが適当である．

3.1.2 留意点

学校施設に含まれる諸室で問題となりやすい騒音源としては，以下のものが挙げられる〔**図3.1**参照〕．

- 敷地外の外部騒音　：道路交通騒音，鉄道騒音，航空機騒音，工場騒音など
- 敷地内の外部騒音　：運動場における発生音，屋外設備騒音など
- 建物内伝搬音　　　：他教室からの伝搬音，床衝撃音，ダクト伝搬音，固体伝搬音など
- 室内発生騒音　　　：空調・換気設備機器の発生騒音，OA機器の騒音，各種教材器具の発生音，工作などの諸活動に伴う発生音

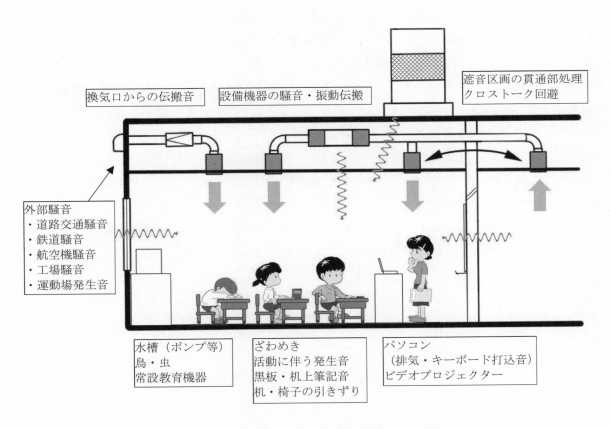

換気口からの伝搬音　設備機器の騒音・振動伝搬　遮音区画の貫通部処理 クロストーク回避

外部騒音
・道路交通騒音
・鉄道騒音
・航空機騒音
・工場騒音
・運動場発生音

水槽（ポンプ等）
鳥・虫
常設教育機器

ざわめき
活動に伴う発生音
黒板・机上筆記音
机・椅子の引きずり

パソコン
（排気・キーボード打込音）
ビデオプロジェクター

図3.1　教室で問題となる騒音の種類

（1）外部騒音の遮断

　道路や鉄道などの外部騒音が問題となる場合には，2.2.1で述べたように配置計画の段階での考慮が重要である．建物側での対策としては，騒音源側に廊下などの緩衝空間を設けることが有効である．また，建物の外周壁の開口部の遮音性能には十分な注意を払う必要がある．

　外部騒音の大きさが実測調査等でわかっている場合，建物の外周壁の条件から室内騒音のレベルを計算によって予測し，室内騒音の推奨値を満足するかどうかを検討する．

（2）設備騒音の防止

　教室等に空調・換気設備などを設置する場合，その発生騒音が室内騒音の推奨値以下となるような機器を選定し，ダクト系の消音計画を行う．参考までに，教室などでよく用いられている空調・換気設備の種類および騒音レベルの参考値を表3.1に示す．

　一般教室などでは，遮音性のある天井ふところ内に天井隠蔽形の空調機を設置することが騒音防止の上で望ましい．ただし，この方式ではダクト施工が必要で，メンテナンスに手間がかかるのが難点である．そこで露出形の空調設備機器がよく用いられるが，その場合には特に発生騒音が小さい機器を選定する必要がある．この方式を用いた場合の例を図3.2に示す．

　　講堂や音楽室などの空調設備としては，別室に設置した空調機によるダクト方式にするか，少なくとも天井隠蔽形で計画することが望ましい．ダクト方式による場合は，空調機・ダクトなどの消音・防振処理，遮音区画の貫通部の処理，ダクトを通しての隣室間のクロストークなどに注意が必要である．なお，ブラスバンドなどの部活動による発生音が近隣に迷惑を与えている例が多い．このような活動を行う室については，窓を閉めて練習ができるように，必ず空調設備を備えるべきである．

　　最近では，各種の情報機器，映像装置，教育・実験機器などが多く備えられるようになってきた．これらの機器の選定にあたっては，本来の機能はもちろん，その発生騒音の大きさにも注意を払う必要がある．

　　空調機のカタログに示されている音響パワーレベルの騒音値は，空調機の設置状況に影響を受けることもあるため，値の取扱いには専門的な知識が必要になる．

表 3.1　空調・換気設備の種類および騒音レベルの参考値

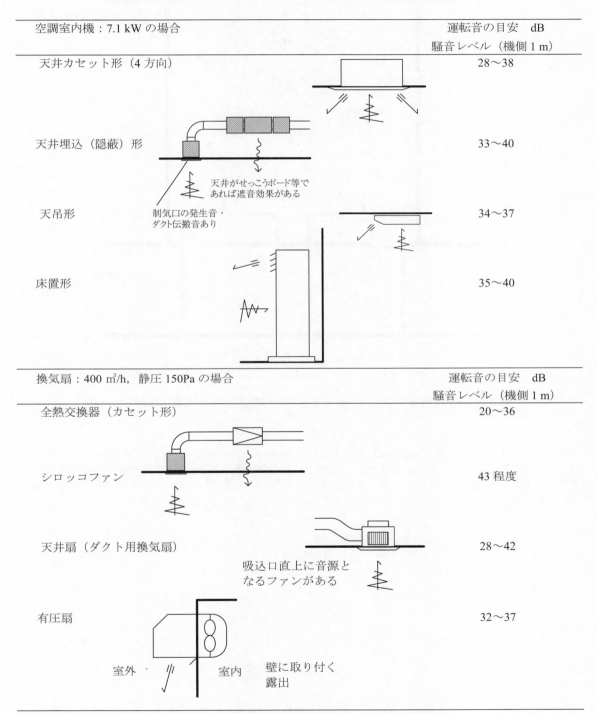

空調室内機：7.1 kW の場合	運転音の目安　dB 騒音レベル（機側 1 m）
天井カセット形（4 方向）	28〜38
天井埋込（隠蔽）形	33〜40
天吊形	34〜37
床置形	35〜40

天井がせっこうボード等で
あれば遮音効果がある

制気口の発生音・
ダクト伝搬音あり

換気扇：400 ㎥/h，静圧 150Pa の場合	運転音の目安　dB 騒音レベル（機側 1 m）
全熱交換器（カセット形）	20〜36
シロッコファン	43 程度
天井扇（ダクト用換気扇）	28〜42
有圧扇	32〜37

吸込口直上に音源と
なるファンがある

室外　　　室内　　壁に取り付く
露出

※　一つのメーカーにおける弱〜強運転の騒音レベルを表示.

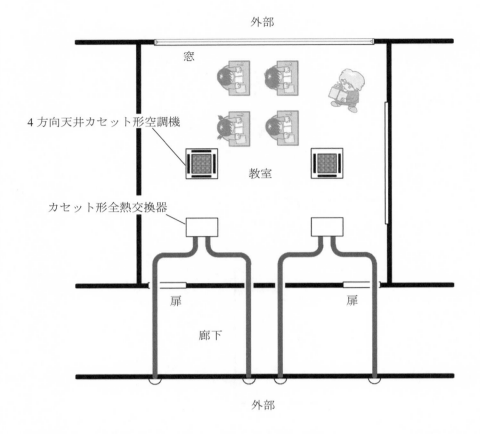

図 3.2　普通教室に天井カセット形の空調機と換気設備を設置した例

　40 人学級の教室（還気量約 800 m³/h）の冷房負荷を 12.8 kW（200 W/m²）として，冷房能力 7.1 kW（3 馬力）の 4 方向天井カセット形室内機を 2 台，カセット形全熱交換器を 2 台設置した例である．露出形の空冷ヒートポンプ室内機としてはこのタイプの騒音が最も小さく，強運転の騒音レベルは 36～38 dB 程度である．換気設備はカセット形全熱交換器を採用することにより，騒音を小さくすることができる．

3.2　室間の遮音

　教室などでは，教育・学習活動に伴ってさまざまな音が発生する．このような音は，当事者にとっては必要でも，他の室では邪魔になることも多い．そこで本規準では，音を発生する室と影響を受ける室の両方の用途（状態）を考慮して，室間の遮音性能を設定している．

3.2.1　推奨値について

　本規準に示した推奨値は，各室の通常の使用状態において，周辺諸室からの伝搬音がその室における教育・学習活動に影響しない程度に保たれることを想定して設定されており，通常の状態で机，椅子などが置かれ，扉などの開口部は閉じられている状態の値である．

（1）室の分類

　Ⅰ　規準　表1に示すように，音が発生される室については発生音レベルの大きい3段階（中(1)，中(2)，大），影響を受ける室については静けさが求められる2段階（A，B）に分け，それらの組合せごとに必要となる遮音性能の値を推奨値とした．ただし，体育館，プールなどのそれほど静けさを必要としない室が受音側となる場合については推奨値を示していないが，機械室などが隣接する場合については，別途検討する必要がある．

（2）遮音性能の評価量

　室間の遮音性能は，両室を隔てる壁などの音響透過損失だけでなく，両室の空間的な位置関係や，室内および通路などの吸音処理などによっても決まる．そこで本規準では，2つの室の実質的な遮音性能として，室間音圧レベル差および特定場所間音圧レベル差を用いている．これらの量の表示の仕方としては，JIS A 1419-1 の附属書2に示されている算術平均値（D_m）による評価と，同規格の附属書1に示されている等級曲線による評価量（D_r）の両方を用いることとした．いずれの表示方法を用いても，必要となる遮音性能の推奨値はほぼ同じ数値である．

3.2.2　留　意　点

（1）室の配置計画

　学校内の諸室は，室の用途・性格によって音の発生状況も大きく異なるし，必要な静けさの程度も異なる．したがって，2.2.2で述べたとおり，室の配置計画の段階で，大きな音の発生する室の近くに静穏な音環境を必要とする室を配置するようなことは極力避ける．これが避けられない場合には，特殊な遮音構造が必要となり，専門的知識に基づいた技術的検討を加える必要がある．

（2）サウンドロックスペースの設置

　図3.3に示すように，音楽室など大きな音が発生される室には，前室や準備室などを設けることにより，隣接する室や廊下などへの音の伝搬を低減することができる．

（3）側路伝搬音の防止

　図3.4に示すように，隣接する二室間の音の伝搬経路としては，界壁だけでなく窓や出入

口等を迂回する経路もある．界壁の音響透過損失を大きくしても，このような側路伝搬によって室間の遮音性能が決定されることが多い．わが国の学校でよく用いられている引き戸タイプの出入口では，四周に隙間ができやすく，これが遮音上の弱点となるので注意しなければならない．このような側路伝搬を防ぐためには，伝搬経路を長くする，伝搬路となる廊下などのスペースを吸音処理するなどの考慮が必要である．また，空調や換気のために，教室と廊下との間仕切壁に換気ガラリやパスダクトが設けられる場合があるが，これらも側路伝搬の経路となるので，注意が必要である．

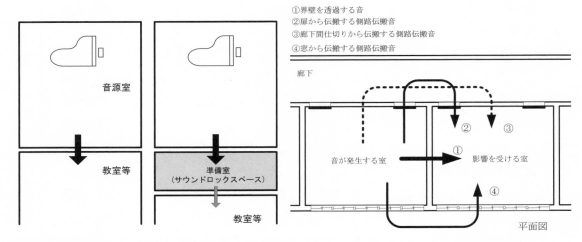

図 3.3　室の配置方法による透過音の低減　　　図 3.4　室間の音の伝搬経路

（4）オープンプラン教室について

オープンプラン教室配置では，教室が空間的に連続しているので，当然のことながら片廊下型教室に比べて室間の遮音性能は低く，本規準で示す室間の遮音性能の推奨値を満たすことは困難である．しかし，教室内の響きを抑制するだけでなく，教室間の音の伝搬を緩和する上で，天井を吸音処理することは必須条件である〔4.3 参照〕．

（5）その他の留意事項

教室の運用上のフレキシビリティを考慮して可動間仕切壁が用いられることがあるが，可動間仕切壁は壁体ユニットの接合部や天井・床との間に隙間が生じやすく，遮音性能には限界がある．カタログなどには，これらの影響を除いた壁体だけの音響透過損失のデータが記載されている例が多く，実際の使用にあたっては注意が必要である．

3.2.3　室間の遮音設計
（1）遮音設計の流れ

図 3.5 に教室間等の遮音設計のフローを示す．教室間の遮音設計においては，図 3.5 に示すように，界壁を直接に透過する経路に加えて，廊下などを介して伝搬する側路伝搬音に

対しても考慮する必要がある．計画した遮音構造で，目標値を満足しない場合は，直接の透過音と側路伝搬音のうち，影響の大きい方の対策をまず検討する．

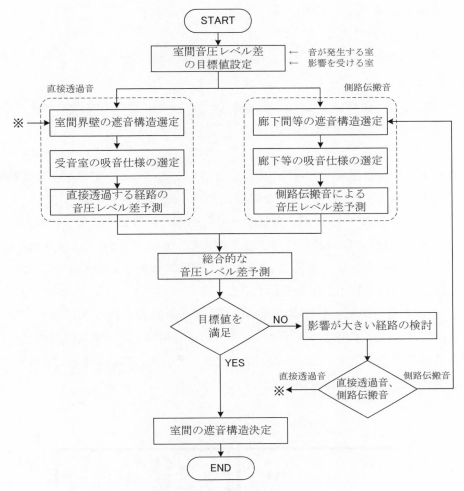

図 3.5　教室間等の遮音設計フロー

（2）遮音設計における簡易予測計算方法

基本計画時における遮音構造の検討のために，拡散音場を仮定して，室間の音圧レベル差を簡易的に予測する方法を示す．まず，界壁からの透過音のみを考慮した基本的な計算方法について示し，次いで廊下を介した側路伝搬音も考慮した計算例について示す．

1）　界壁からの透過音のみを考慮した場合

式(3.1)に，界壁からの透過音のみを考慮した場合の室間音圧レベル差の予測式を示す．

$$\Delta L = R - 10\log_{10}\left(\frac{S_{\mathrm{W}}}{S_0}\right) + 10\log_{10}\left(\frac{A}{A_0}\right) \tag{3.1}$$

ここに，

ΔL ：界壁を挟んだ 2 室間の音圧レベル差（dB）

R ：界壁の音響透過損失（dB）

S_W ：界壁の面積（m²）

S_0 ：基準の面積（1 m²）

A ：受音側の室の等価吸音面積（m²）で，次式によって求める．

$A = S \times \overline{\alpha}$

ただし，S：受音側の室の総表面積（m²），$\overline{\alpha}$：受音側の室の平均吸音率

A_0 ：基準の等価吸音面積（1 m²）

　　式(3.1)は，2 室間の遮音（音圧レベル差）を高めるためには，まず界壁の音響透過損失を大きくすることが重要であるが，それと同時に受音室側の吸音性を高めることも効果的であることを示している．式の上では，界壁の面積を小さくすることによっても音圧レベル差は大きくなるが，これは建築設計条件によって決まる．なお，この式には表されていないが，音源室側の平均吸音率を大きくすることによって界壁に入射する音が小さくなり，結果的に 2 室間の遮音性を高めることに効果がある．

　　図 3.6 に示す 2 室を対象とした室間音圧レベル差の計算表を表 3.2 に示す．なお，界壁の音響透過損失は，付録に掲載のコンクリート 150 mm 相当とし，平均吸音率は，同様に付録の吸音率表等の値から算定した．このモデルでは，遮音性能の評価値は D_m-52 で，教室間の遮音性能推奨値である D_m-40 を満足している．

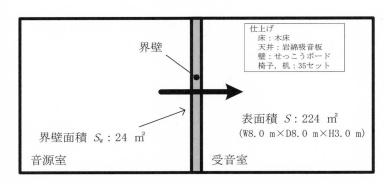

図 3.6　界壁からの透過音の計算モデル

表3.2　界壁からの透過音による室間音圧レベル差の計算表

		オクターブバンド中心周波数(Hz)						備考
		125	250	500	1000	2000	4000	
①	界壁の音響透過損失(R_0) [dB]	36	40	49	56	64	69	RC150 mm想定 巻末付録より
②	界壁面積 (S_w) [㎡]	24.0	24.0	24.0	24.0	24.0	24.0	
③	受音室の平均吸音率 (α)	0.20	0.17	0.21	0.24	0.27	0.31	
④	受音室の表面積(S) [㎡]	224.0	224.0	224.0	224.0	224.0	224.0	
⑤	受音室の等価吸音面積(A) [㎡]	44.8	38.1	47.0	53.8	60.5	69.4	③×④
⑥	室間音圧レベル差(ΔL) [dB]	39	42	52	60	68	74	式(3.1) ①, ②, ⑤
⑦	D_m	52						125 Hz〜2000 Hz帯域 の算術平均

2)　側路伝搬音を考慮した場合の簡易予測

実際の教室間の伝搬経路には，界壁を直接透過する経路に加え，**図3.4**に示したような側路伝搬による経路がある．側路伝搬経路の中で廊下を介する経路は遮音上の弱点となりやすいため，注意が必要である．

図3.7に，廊下を介した側路伝搬音を含む計算モデルを示す．なお，廊下の天井は，側路伝搬音の低減を意図し，岩綿吸音板による吸音としている．また，廊下端部の開口は，安全側の措置としてせっこうボードの吸音率を見込み，また，教室間の界壁と受音室の仕上げ（平均吸音率）は，前項と同様とした．

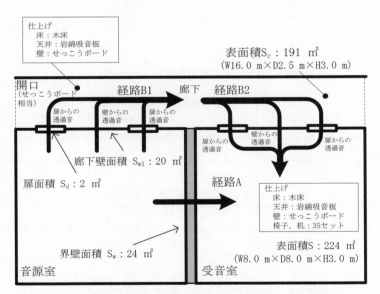

図3.7　廊下を介した側路伝搬音を含む計算モデル

　　ここでは，経路 A として示した界壁を直接透過する経路による音圧レベル差および経路
B1，経路 B2 として示した扉や壁を透過して廊下を介して伝搬する側路伝搬音による音圧レ
ベル差をそれぞれ算定し，それらから総合的な室間の音圧レベル差を算定する．

　　経路 A の界壁を直接透過する経路による音圧レベル差は，前項の**表 3.2** のとおりである．

　　表 3.3 に，教室から廊下への経路 B1 による音圧レベル差の計算表を示す．まず扉からの
透過音による音圧レベル差（ΔL_{d}）および廊下側の壁からの透過音による音圧レベル差（ΔL_{w1}）
を，それぞれ算定する．経路 B1 の音圧レベル差は，扉および壁からの透過音による 2 つの
音圧レベル差から，式(3.2)により算定される．算定された経路 B1 の音圧レベル差（ΔL_{B1}）を
見ると，音圧レベル差の小さい扉からの値でほぼ決まっており，これは遮音性能が低い部分
が総合的な遮音性能に対して支配的になることを示している．

$$\Delta L_{\mathrm{B1,B2}} = -10 \log_{10}\left(10^{\frac{-\Delta L_{\mathrm{d}}}{10}} + 10^{\frac{-\Delta L_{\mathrm{w1}}}{10}}\right) \tag{3.2}$$

　　$\Delta L_{\mathrm{B1,B2}}$：経路 B1，B2 における扉と廊下側の壁からの透過音による 音圧レベル差
　　　　　　（dB）

　　ΔL_{d}：扉からの透過音による音圧レベル差（dB）

　　ΔL_{w1}：廊下側の壁からの透過音による音圧レベル差（dB）

表 3.3　経路 B1：教室から廊下への透過音による音圧レベル差の計算表

		オクターブバンド中心周波数(Hz)						備考
		125	250	500	1000	2000	4000	
①	扉の音響透過損失(R_{d}) [dB]	8	13	15	17	15	14	吊り引戸想定
②	扉の面積 (S_{d}) [㎡]	4.0	4.0	4.0	4.0	4.0	4.0	2 ㎡×2枚
③	廊下の平均吸音率 (α)	0.17	0.14	0.16	0.18	0.20	0.23	
④	廊下の表面積(S_{c}) [㎡]	191.0	191.0	191.0	191.0	191.0	191.0	
⑤	廊下の等価吸音面積(A) [㎡]	32.5	26.7	30.6	34.4	38.2	43.9	③×④
⑥	扉による音圧レベル差(ΔL_{d}) [dB]	17	21	24	26	25	24	式(3.1) ①, ②, ⑤
⑦	廊下壁の音響透過損失(R_{w1}) [dB]	15	32	47	54	52	44	乾式壁 巻末付録より
⑧	廊下壁の面積 (S_{w1}) [㎡]	20.0	20.0	20.0	20.0	20.0	20.0	
⑨	廊下壁による音圧レベル差(ΔL_{w1}) [dB]	17	33	49	56	55	47	式(3.1) ⑤, ⑦, ⑧
⑩	経路B1: 音源室→廊下の音圧レベル差(ΔL_{B1}) [dB]	14	21	24	26	25	24	式(3.2)　⑥, ⑨

　　表 3.4 に，同様な手順による廊下から教室への経路 B2 による音圧レベル差の計算表を示
す．扉や廊下側の壁は，経路 B1 と同様であるが，経路 B1 の音圧レベル差（ΔL_{B1}）に比べ
て，経路 B2 の音圧レベル差（ΔL_{B2}）は，若干大きくなっている．これは，受音室の等価吸
音面積が経路 B1 に比べて大きいことによる．

表 3.4　経路 B2：廊下から教室への透過音による音圧レベル差の計算表

		オクターブバンド中心周波数(Hz)						備考
		125	250	500	1000	2000	4000	
①	扉の音響透過損失(R_d) [dB]	8	13	15	17	15	14	吊り引き戸想定
②	扉の面積 (S_d) [㎡]	4.0	4.0	4.0	4.0	4.0	4.0	2 ㎡×2枚
③	受音室の室内平均吸音率 (α)	0.20	0.17	0.21	0.24	0.27	0.31	
④	受音室の表面積(S) [㎡]	224.0	224.0	224.0	224.0	224.0	224.0	
⑤	受音室の等価吸音面積(A) [㎡]	44.8	38.1	47.0	53.8	60.5	69.4	③×④
⑥	扉による音圧レベル差(ΔL_d) [dB]	18	23	26	28	27	26	式(3.1) ①,②,⑤
⑦	廊下壁の音響透過損失(R_{w1}) [dB]	15	32	47	54	52	44	乾式壁 巻末付録より
⑧	廊下壁の面積 (S_w) [㎡]	20.0	20.0	20.0	20.0	20.0	20.0	
⑨	廊下壁による音圧レベル差(ΔL_{w1}) [dB]	19	35	51	58	57	49	式(3.1) ⑤,⑦,⑧
⑩	経路B2： 廊下→受音室の音圧レベル差(ΔL_{B2}) [dB]	15	23	26	28	27	26	式(3.2)　⑥,⑨

　廊下を介して教室間を伝搬する側路伝搬音の音圧レベル差（ΔL_{B1+B2}）は，経路 B1 と経路 B2 を足し合わせた値となる．表 3.5 に廊下を介した側路伝搬音による音圧レベル差の計算表を示す．

　以上の側路伝搬音による音圧レベル差と界壁を直接透過する経路 A を考慮して，総合的な音圧レベル差が算定される．表 3.6 に算定表を示す．このモデルにおける教室間の音圧レベル差（ΔL）は，D_m-44 と算定され，教室間の遮音性能推奨値である D_m-40 を満足する．

　界壁を直接透過する経路だけの場合は，D_m-52（表 3.2）であったので，側路伝搬音の影響によって遮音性能が低下している．側路伝搬音の影響を抑えるためには，遮音上の弱点となりやすい扉の遮音性能を向上させることが必要であるが，わが国の学校でよく用いられている引き戸では，隙間の影響が出やすく，高い遮音性能が期待できない．このような場合，伝搬経路を長くする，また，伝搬経路となる廊下の吸音面を増やして，伝搬時の減衰を大きくする対処も考えられる．

表 3.5　廊下を介した側路伝搬音による音圧レベル差の計算表

		オクターブバンド中心周波数(Hz)						備考
		125	250	500	1000	2000	4000	
①	経路B1： 音源室→廊下の音圧レベル差(ΔL_{B1}) [dB]	14	21	24	26	25	24	表3.3 ⑩
②	経路B2： 廊下→受音室の音圧レベル差(ΔL_{B2}) [dB]	15	23	26	28	27	26	表3.4 ⑩
③	経路B1+B2： 廊下側路による音圧レベル差(ΔL_{B1+B2}) [dB]	30	43	49	55	52	51	①+②

表 3.6　側路伝搬音を考慮した教室間の音圧レベル差の計算表

		オクターブバンド中心周波数(Hz)						備考
		125	250	500	1000	2000	4000	
①	経路A: 界壁による音圧レベル差(ΔL_A) [dB]	39	42	52	60	68	74	表3-2 ⑥
②	経路B1+B2: 廊下側路による音圧レベル差($\Delta L_\mathrm{B1+B2}$) [dB]	30	43	49	55	52	51	表3-5 ③
③	教室間の音圧レベル差(ΔL) [dB]	29	40	48	53	51	51	式(3.2)準用 ①, ②
④	D_m	44						125 Hz〜2000 Hz帯域の算術平均

3.3　床衝撃音遮断性能

3.3.1　床　衝　撃　音

　図 3.8 に示すように，複数階からなる学校施設では，上階の床に加えられた衝撃が下階の室で騒音となる床衝撃音がしばしば問題となる．床への衝撃が激しい場合には，直下以外の室でもこの問題が生じることがある．学校施設における床衝撃音の原因には，以下のものが挙げられる．

- ・一般教室における机・椅子の引きずり，小物（本，筆記用具など）の落下
- ・休み時間や教室の移動などで，多数の生徒が廊下を歩行するときの衝撃
- ・工作室における金槌の使用などの実習作業
- ・体育館などの運動施設における床運動や競技に伴う飛び跳ね・走り回り，バスケットボールのドリブルなど．
- ・厨房における調理や配膳などの作業

図 3.8　床衝撃音の発生と伝搬経路

3.3.2　推奨値について

　本規準に示した床衝撃音遮断性能の推奨値は，影響を受ける室において，上階からの床衝撃音によって集中力が妨げられることなく教育・学習活動が行える程度を考慮して設定したもので，通常の状態で机，椅子などが置かれ，扉などの開口部は閉じられている状態の値である.

（1）室の分類

　床への衝撃の発生状況は，室の用途によって大きく異なる. また，影響を受ける側の室用途によっても問題の程度は異なる. そこで，本規準では，床への衝撃の発生状況を 3 種類（Ⅰ，Ⅱ，Ⅲ）に分類し，影響を受ける室については，必要とされる静けさを 2 段階（A，B）として，それらの組合せごとに床衝撃音遮断性能の推奨値を示した.

（2）床衝撃音遮断性能の評価量

　床衝撃音遮断性能の推奨値は，JIS A 1419-2 の附属書 2 に示されている A 特性音圧レベルと同規格の附属書 1 に示されている等級曲線による評価量の両方を用いて記述することとした. いずれの評価量を用いても，床衝撃音遮断性能の推奨値は同じ数値となる.

　床衝撃音遮断性能の測定のための衝撃源として，標準軽量衝撃源（タッピングマシン）と標準重量衝撃源（タイヤまたはゴムボールの落下）の 2 種類がそれぞれ JIS A 1418-1，JIS A 1418-2 で規定されている. 前者は比較的硬い衝撃（机・椅子の引きずりや文具の落下など）を，後者は比較的重く柔らかい衝撃（運動時の飛び跳ね・走り回りなど）を模擬した衝撃源である. 標準重量衝撃源については，タイヤとゴムボールで，測定値が異なる. 飛び跳ねや運動時の走り回りが主な衝撃源となる体育館や室内プールなどの床衝撃音遮断性能の測定には，標準重量衝撃源としてタイヤを使用する.

3.3.3　留　意　点

（1）配置計画

　床衝撃音の問題を回避するためには，静けさが必要とされる室の上階に床への衝撃が発生しやすい室を極力配置しないことが原則である. どうしても配置せざるをえない場合は，上階の床には浮床構造を，下階の天井には防振天井などを採用する必要があり，専門知識に基づいた技術的検討が必要となる.

（2）断面仕様による性能向上

　床衝撃音遮断性能は，床スラブの剛性，床の仕上げ材料，下階天井の遮音性能によって決定される. すなわち，振動しにくいスラブをつくること，衝撃物の衝突を柔らかく受け止める床仕上げをつくること，音が放射しにくい天井を下階に設けることによって，性能が向上する〔図 3.9 参照〕.

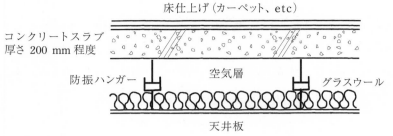

図 3.9　床の断面構造

1)　スラブ

スラブの質量を増加させることによって衝撃による床振動の振幅は小さくなり，発生音は低減する．スラブの剛性を高めることも衝撃点の実効質量を増すことになるので，同様の効果が得られる．スラブの厚さを増すことは，床の面密度と剛性の双方を増すことになり，効果が大きい．

コンクリートスラブは質量が大きいため，上に述べた効果が比較的得やすい．比較的重く柔らかい衝撃が発生する工作室や厨房を上階に配置する場合には注意が必要で．剛性の十分高い梁に最低でも厚さ 180 mm，できれば 200 mm 程度のスラブを打設することが望ましい．

木造校舎のスラブは，コンクリートスラブに比較して床衝撃音遮断性能は格段に劣る．したがって，比較的重く柔らかい衝撃が発生する室の下階に静けさを必要とする室を配置するようなことは基本的に避けねばならない．木造校舎のスラブは部材が「木」であるため，質量の増大には工法上限界があり，剛性を高めることを基本に考えることが重要である．剛性を高めるためには，部材間を釘と接着剤を併用して接着することで床断面の一体化を図るとよい．その上で，梁せいの増大や根太などをできる限り細かく配置することによって全体の剛性を高めるとよい．木造については，4.1 で別途詳細に述べる．

一方，鉄骨造の床衝撃音遮断性能は，コンクリートスラブに比べて必ずしも劣るわけではない．床衝撃音遮断性能は基本的にスラブ厚さに依存するため，コンクリートスラブと同等のスラブ厚さを確保すれば，鉄骨造でも推奨値は十分に実現できる．鉄骨造については，4.2 で別途詳細に述べる．

2)　床仕上げ

床の表面にカーペットなどを敷くことは衝撃を和らげる効果があり，発生音の高い周波数成分が除去される．そのため，比較的硬い衝撃に対して有効であり，騒音に対する聴感的なやかましさを減らす効果がある．カーペットを敷かない場合は，緩衝材付きの床仕上げ材を設置するとよい．

床仕上げによる軽量床衝撃音の低減効果は，コンクリートスラブの場合も木造スラブの場合も基本的に同じである．

　一方，比較的重く柔らかい衝撃の場合には，床仕上げの効果が得られないため，比較的重く柔らかい衝撃が発生する工作室や厨房が上階に位置する場合には注意が必要である．コンクリートスラブの場合には，スラブの上に浮き床〔**図3.10**参照〕を設けるのが最も効果が高いが，浮き床の設計には専門的知識に基づいた技術的検討が必要である．工作室や厨房では，比較的硬い衝撃も多く発生するが，浮き床は比較的硬い衝撃に対しても効果が高い．

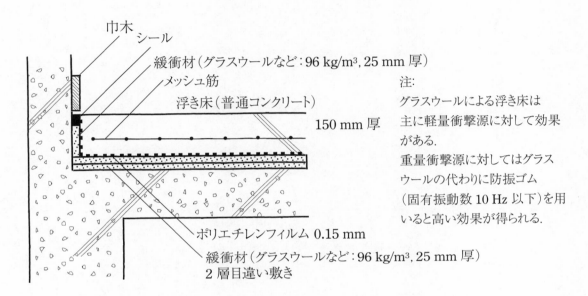

巾木
シール
緩衝材（グラスウールなど：96 kg/m³, 25 mm 厚）
メッシュ筋
浮き床（普通コンクリート）
150 mm 厚
ポリエチレンフィルム 0.15 mm
緩衝材（グラスウールなど：96 kg/m³, 25 mm 厚）
2 層目違い敷き

注:
グラスウールによる浮き床は主に軽量衝撃源に対して効果がある．
重量衝撃源に対してはグラスウールの代わりに防振ゴム（固有振動数10 Hz 以下）を用いると高い効果が得られる．

図3.10　緩衝材を用いた浮き床の例

3）　天井

　下階に防振天井を設けることによって，スラブから放射される軽量床衝撃音を低減できる．この場合，天井ふところを大きくとり，内部にグラスウールなどの多孔質吸音材を挿入すると，より効果的である．その場合，天井は大梁などのできる限り剛性の高い部位から支持をとる必要がある．天井高さに余裕のある既設の木造校舎において，床衝撃音遮断性能に関する対策が必要になった場合には，これらの方法を活用するとよい．

（3）　床衝撃の発生を抑える工夫

　床衝撃音を低減する方法の中には，スラブや床仕上げ材の設計など建築構法的な対策とは別の方法も考える必要がある．たとえば，机・椅子の引きずりなどによる床衝撃は，床に柔らかいカーペットを敷くなどの簡便な方法で軽減できる（ただし，比較的重く柔らかい衝撃に対する効果は期待できない）．また，机・椅子の脚部先端にゴムなどの緩衝材料をつけることによって引きずり音をある程度防止できる．

（4）　床衝撃音遮断性能の実測例

　コンクリート造校舎および木造校舎における床衝撃音遮断性能の実測例を**図3.11**に示す．

この例では，標準軽量衝撃源（タッピングマシン），標準重量衝撃源（タイヤ）のほかに，机や椅子の引きずり，本や文具類の落下など，学校施設において多く発生すると思われる衝撃源についても測定されている．ここで示した木造校舎では，直下階に静けさが必要な室は配置されていないので，特に問題は生じていない．

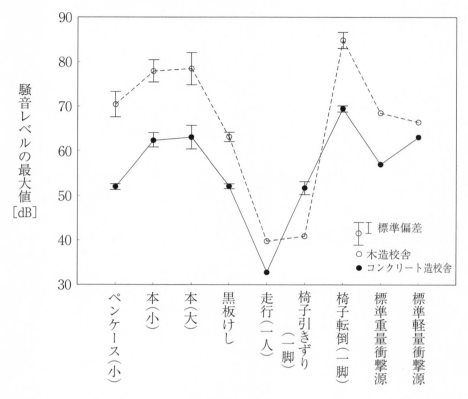

図 3.11　コンクリート造校舎および木造校舎における床衝撃音の実測例

3.4　残響（室内の響き）

　学校施設に含まれる諸室の用途はきわめて多様で，それぞれの用途に応じて室内の響きを適度に調整する必要がある．そのためには，適当な吸音処理を施す必要がある．また，このような室内音響特性の確保だけでなく，外部や隣室などから伝搬してくる音を低減する上でも，室内の吸音処理は重要である．

3.4.1　推奨値について

　残響時間で表される室内の響きの長さは，音声の聞き取りやすさ，音楽演奏時の響きの豊かさなどに直接関係するだけでなく，室内の喧騒感にも影響する．

　残響時間と話し声の聞き取りやすさとは密接な関係がある．残響時間が過度に長い室では音声の明瞭度が損なわれるが，逆に短すぎると話声の室内での減衰が大きく，そのために明瞭度が低下することもある．また，一般に音楽演奏のためには豊かな響きが好まれるが，学校の教室の場合には，音楽鑑賞か演奏の練習のいずれが主目的になるかによって最

適な響きの長さが異なり，別個に定める必要がある．本規準では，このような観点から室の用途に応じて，残響時間の推奨値を設定している．この推奨値は，通常の状態で机，椅子などが置かれ，人のいない状態における残響時間である．

（1）室の分類

上述のとおり，音声による良好なコミュニケーションの確保，音楽演奏（鑑賞）のしやすさ，残響による騒音増大の防止の3点に着目し，Ⅰ 規準 表1に示すように室の用途別に必要とされる響きの程度を「短め」，「中庸」および「長め」の3段階に分類し，それぞれの用途にふさわしい残響時間の値を推奨値とした．ただし，これらの推奨値は絶対的なものではなく，ある程度の幅の中で考えるべきである．

（2）残響時間の評価量

本規準で示す残響時間の推奨値は，中音域(1/3オクターブバンドでは中心周波数400 Hz，500 Hz，630 Hz，800 Hz，1 kHz，1.25 kHzの6帯域，オクターブバンドでは中心周波数500 Hz，1 kHzの2帯域)における残響時間の平均値である．

（3）室容積と残響時間

残響時間は室容積によって変化し，また同じ用途の室であっても，その最適値は室容積によって異なる．そこで，本規準に示す残響時間の推奨値は，用途別に標準的な室容積に対する値として設定した．規準本文のⅠ 規準 図1は，室の用途別に残響時間の最適値の範囲を室容積の関数として示したものであり，室容積が標準と異なる場合には，この図を参考として適切な残響時間を設定する必要がある．

（4）残響時間と平均吸音率の関係

音の拡散性が高い室内では，残響時間と平均吸音率 $(\bar{\alpha})$ とは一定の関係にある〔3.4.2参照〕．したがって，標準的な室容積をもつ室については，残響時間の代わりに平均吸音率に着目して設計してもよい．そこで本規準では，残響時間の推奨値とともに，平均吸音率を参考値として併記している．

（5）家具（机・椅子）の影響

推奨値は，室内に机・椅子などの家具類が設置された状態における値である．そのため，設計段階で残響時間を計算するときには，これらの家具類の等価吸音面積（吸音力）を考慮する必要がある．

家具類の吸音性能は材質や大きさなどによって異なるが，木製の机・椅子の中音域における等価吸音面積は，1組あたり約0.1～0.2 m²としてよい．このような机・椅子を標準的な規模の教室に35組設置した場合，平均吸音率は0.02程度増加し，残響時間は0.1秒程度減少する．

（6）共用スペース（廊下，昇降口，アトリウム），ランチルームの喧騒感の抑制

共用スペース（廊下，昇降口，アトリウム），ランチルームなどの空間については吸音処理がまったく行われていないために，残響過多で喧騒感が高く，落ち着かない雰囲気となっていることが多い．このような状況になることを避けるために，本規準では，これらの空間

についても平均吸音率 0.15 以上を推奨値として示している．この推奨値は，床面積 250 m²，天井高 5.0 m〜6.0 m 程度の空間では，天井面全面を吸音仕上げとすることによって実現できる．室容積が大きく，残響が長くなりがちなアトリウムなどでは，天井面以外の部位にも吸音処理を考えるべきである．

3.4.2 留意点

残響時間の推奨値を目標として室の内装設計を行うが，ここでは，その手順と方法について概略を述べる．なお，講堂（ホール）や音楽室など室内音響特性が重要な諸室については，さらに詳細な音響設計が必要であり，そのためには専門的知識が必要となる．

（1）残響設計の概要

残響時間 T [s] の概略値は，次式（Sabine の残響式）によって計算する．

$$T = \frac{0.16 \times V}{A} \tag{3.3}$$

ただし，V は室容積 [m³]，A は室の等価吸音面積（吸音力）[m²] で，次式で計算する．

$$A = \sum_{i=1}^{n} (\alpha_i \cdot S_i) \tag{3.4}$$

ただし，α_i，S_i は，それぞれ i 番目の部位の残響室法吸音率と面積 [m²]．

壁・床・天井以外に家具なども吸音要素として考える場合には，その等価吸音面積（ユニットあたりの等価吸音面積に個数を乗じた値）を上式に加える．

次式で表される室表面全体にわたって平均した吸音率が平均吸音率である．

$$\bar{\alpha} = \frac{A}{S} \tag{3.5}$$

ただし，S は室内総表面積 [m²] で，S_i の総和である．

通常の音響設計では，上記の計算はすべての周波数帯域にわたって行うが，本規準の残響時間の推奨値（または平均吸音率）は中音域について設定されているので，中音域についてのみ検討すればよい．

なお，式（3.3）（Sabine の残響式）は簡易計算式であり，残響時間が短い室では，実測値と差が生じることがある．

（2）吸音材料・構法の選定と配置

1）吸音材料の種類と特徴

吸音仕上げには各種の材料が用いられているが，吸音の原理に着目すれば，以下のように分類でき，それぞれ特徴をもっている〔図 3.12 参照〕．

① **多孔質吸音材料**：通気性のある材料で，グラスウール，ロックウール，岩綿吸音板，木毛セメント板などが代表例として挙げられる．この種の材料は，一般に周波数が高いほど吸音率が高くなる特性をもっている．ただし，**図 3.13** に示すグラスウールの例でわかるように，材料の密度，厚さ，背後の空気層の厚さの違いによって，吸音性能が異なることに注意する必要がある．

② **共鳴型吸音構造**：有孔板（孔あき板），スリットなどを表面仕上げとし，その背後に空気層を設けた構造は，共鳴現象を利用した吸音構造である．これらの吸音構造は，**図 3.12** に示すように共鳴周波数付近において吸音率が高くなる吸音特性をもち，吸音効果を得ることができる周波数帯域が限定的となる場合がある．共鳴周波数や吸音効果の得られる周波数帯域の幅は，孔やスリットによる開孔面積の割合（開孔率），板の厚さ，背後の空気層の厚さによって決定される．広い周波数帯域にわたり吸音効果を得たい場合は，開孔率を高くする，背後空気層を厚くするとともに多孔質吸音材を挿入することが有効である．

③ **板振動型吸音構造**：板状材料を背後に空気層を設けて貼った構造では，板が質量，背後の空気層がばねとなる共振系が形成され，その共振によって吸音効果が生じる．その周波数は板状材料の面密度，背後の空気層によって異なるが，一般に低音域となる．

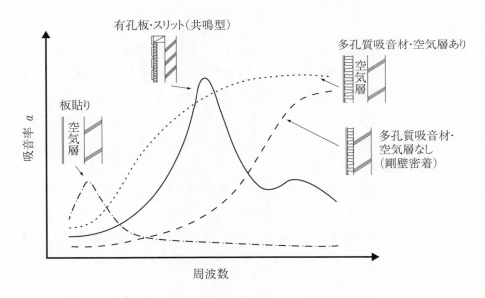

図 3.12　吸音構造の種類と吸音の周波数特性

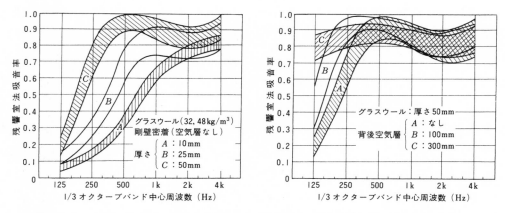

図 3.13　厚さと背後空気層の違いによる多孔質材の吸音特性の変化 [1]

2)　吸音構法の選定

吸音構造・材料の選定にあたり，留意すべき点は以下のとおりである．

① 吸音性能を確認する

市販の板状材料の中には，吸音材料と誤解されかねない紛らわしい意匠や商品名をつけているものもあるので注意が必要である．吸音材料の選定にあたっては，技術資料等を入手して吸音特性を確認する．

② 表面仕上げ

多孔質吸音材は，表面仕上げ材や塗装によって吸音性能が変化し，場合によっては所定の吸音効果が得られない場合がある．特殊な表面仕上げをする場合には，その状態での吸音率を測定によって確認する必要がある．表面にリブを用いて保護する場合，広い面積にわたって等間隔のリブを用いた仕上げをすると，特定の周波数の反射音が強調されてカラレーションが生じることがあるので注意が必要である．

③ 背後空気層の重要さ

多孔質吸音材を用いた吸音仕上げでは，吸音材だけでなく背後の空気層が重要な働きをし，空気層が厚いほど低音まで吸音するようになる．したがって，天井ふところなどを利用して十分な空気層が取れるように，設計の初期段階から考慮しておくことが必要である．

④ 吸音の周波数特性に注意

有孔板やスリットなどを用いた吸音構造は共鳴現象を利用しているので，特定の周波数（共鳴周波数）でピークをもつくせのある吸音の周波数特性をもっている〔図 3.12 参照〕．したがって，広い面積を一様な断面で仕上げると，特定の周波数範囲だけで残響が短くなり，それから外れた周波数範囲で残響が長くなって，きわめて不自然な残響時間の周波数特性となる．このタイプの吸音構造を利用する場合には，表面材の開孔率や背後空気層に変化をもたせたり，多孔質吸音材料など他のタイプの吸音仕上げと併用するなどの考慮が必要である．

（3）残響時間の計算例

　一般的な規模の普通教室について，中音域の残響時間を計算した例を**表** 3.7 に示す．学校施設に使用される代表的な材料の吸音率を**付録**の**表** 1 に示す．

表 3.7　普通教室の残響時間（中音域）の計算例

（容積 192 m³，全表面積 224 m²，残響時間 0.6 秒，平均吸音率参考値 0.2）

部位 No.	仕上材料	面積 S[m²]	吸音率		等価吸音面積[m²]		残響時間		
			500 Hz	1 kHz	500 Hz	1 kHz	500 Hz	1 kHz	平均
1 床	木造床仕上げ（コンクリート下地）	64	0.12	0.11	8	7			
2 壁	黒板	5	0.08	0.05	0	0			
	掲示板	10	0.15	0.15	2	2			
	コンクリート（塗装仕上げ）	28	0.02	0.02	1	1			
	合板類	28	0.16	0.08	4	2			
3 窓	窓（ガラス）	25	0.18	0.12	5	3			
4 天井	岩綿吸音板（せっこうボード捨貼り工法）	64	0.40	0.55	26	35			
空室			**0.21** [*1]		45	50	**0.69**	**0.62**	**0.7 秒**
机・椅子	合板等	35 〔組〕	0.12 [*2]	0.15 [*2]	4	5			
机・椅子あり			**0.23** [*1]		49	55	**0.63**	**0.56**	**0.6 秒**

*1　平均吸音率
*2　机・椅子1組あたりの等価吸音面積[m²]

参 考 文 献

1）日本音響材料協会：騒音・振動対策ハンドブック，技報堂出版，1982

3.5　電気音響設備の動作特性

　学校施設の体育館は，その多くが講堂としても利用されるため，明瞭な拡声が行える電気音響設備を備える必要がある．しかし，十分な配慮がなされていないために，式典の際のスピーチが聞き取りにくく，生徒が話しに集中できないといったことも起きている．電気音響設備の動作性能も学校施設における重要な音環境性能のひとつであり，室内音響性能と同様に，適切な性能が確保されることが必要である．

　電気音響設備の重要性や設計法などについては，本節末尾に示す文献 1），2）に詳しく解説されているが，それらの内容が実際の施設計画や施工に反映されていないのは，拡声品質が設備自体の性能だけでなく，室内音響特性やスピーカの設置条件などの建築的な条件および設備の運用状態に大きく依存すること，また，設計・施工・音響調整にあたって，目標とすべき性能が明確に示されていないことなどによる．そこで本規準では，電気音響設備の動作特性の推奨値を附属書として示した．

3.5.1　推奨値について

　電気音響設備で良好な音声コミュニケーションを可能にするために必要な基本的な性能は，①適切な拡声音量がハウリングを生じずに安定して得られること，②明瞭で良好な拡声音質が得られること，③上記の音量と音質が室内全体で均一に得られることである．これらの基本的性能を表す物理的な音響性能として，以下が挙げられる．

- ・音量に関するもの　　　　　　：最大再生音圧レベル，音圧レベル分布
- ・音質に関するもの　　　　　　：伝送周波数特性
- ・拡声の安定性に関するもの　：安全拡声利得

（1）最大再生音圧レベル

　最大再生音圧レベルは，電気音響設備が歪みなく再生できる最大の音圧レベルを表す量である．具体的には，ピンクノイズ信号を歪みやビリツキが生じない範囲でできるだけ大きい音量で再生した時の，場内中央の代表点における音圧レベルで表す．表 3.8 は，最大再生音圧レベルの用途別の標準値である．本規準では，スピーチ拡声音の最適受聴レベルが 70 〜75 dB であることから，それに 10〜15 dB のレベル変動分を加味して，85 dB 以上を推奨値とした．

表 3.8　最大再生音圧レベルの用途別標準値

ホ　　ー　　ル	95　[dB]
宴会場・集会場	90
大会議室・講堂	85
教　　　　　室	80
事　　務　　室	80
ロ　　ビ　　ー	80
駅・コンコース	85

（2）安全拡声利得

　安全拡声利得は，図 3.14 に示す拡声系において，設備の増幅度をハウリングが生じる限界点から 6 dB 下げて安定した拡声状態とした時の，音源信号（ピンクノイズ）のマイクロホンへの入力音圧レベル L_0 と受聴エリア代表点における拡声音の音圧レベル L_1 の差 L_1-L_0 として表す．その評価は，表 3.9 のようになる．

　話者とマイクロホンの標準的な距離を 30 cm，拡声しない普通の会話での話者と聞き手の標準的な距離を 1 m とすると，話者から 30 cm 離れた点と 1 m 離れた点の音圧レベルの差は約 10 dB となる．したがって，安全拡声利得が −10 dB 以上であれば，客席内では約 1 m の点で話者が話したのと同じレベルで聞こえることに相当し，標準的な性能値として一般に用いられている．本規準の推奨値も −10 dB とした．

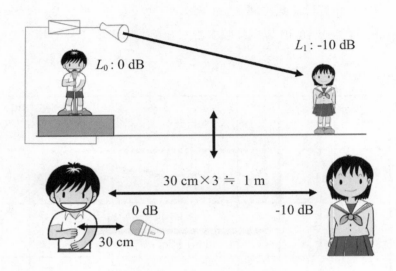

図 3.14　安全拡声利得の測定系

表 3.9　安全拡声利得とその評価

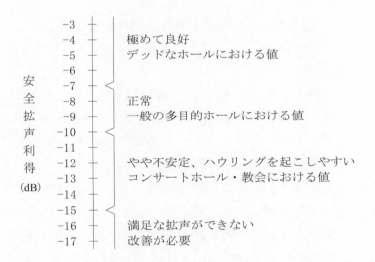

（3）伝送周波数特性

　伝送周波数特性は，各周波数で一定電圧の信号をスピーカに入力して再生したときの受音点における音圧レベルの周波数特性で表す．一般に，ピンクノイズ信号を入力し，客席代表点における再生音の周波数特性を 1/3 オクターブバンドで測定する．設備機器の周波数特性とスピーカの設置状況や室内の音響特性の影響が含まれた総合的な特性が得られる．

　伝送周波数特性に大きなピークやディップが見られる場合，その周波数の音が強調・弱められて音質が変化していることを示している．また，大きなピークの周波数でハウリングが起こりやすくなる．そのため，伝送周波数特性は低音域から高音域にわたって，できるだけ平坦となることが望ましい．

　本規準では，音声の主要周波数帯域を 1/3 オクターブバンドずつ拡張した 160 Hz～5 kHz
における特性のばらつきが 10 dB 以内に収まることを推奨する〔**図 3.15** 参照〕．

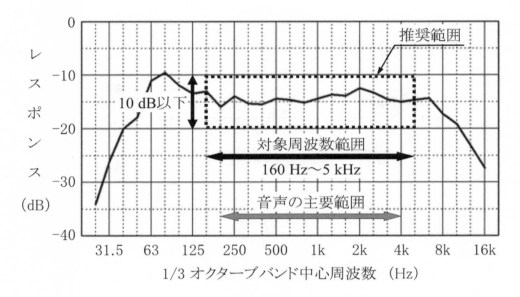

図 3.15　伝送周波数特性の例と推奨範囲

（4）音圧レベル分布

　音圧レベル分布は，受聴エリアにおける拡声音量の均一性を表すもので，各測定点の音圧
レベルを受聴エリア中央の代表点を基準にした相対レベルで表記する〔**図 3.16**〕．均一性の
目安としては，一般に音圧レベルのばらつきが 6 dB 以内であることが望ましく，10 dB を
超える場合には，スピーカの増設や向きの調整等が必要となる．

　スピーカの性能上，高音域の音ほど指向性が狭く音圧分布は不均一となりやすいため，音
圧レベル分布は高音域において評価する必要がある．本規準では，中心周波数 4 kHz のオク
ターブバンドノイズを音源とし，その音圧レベルのばらつきが 6 dB 以内であることを推奨
値とした．なお，音源信号の中心周波数には 4 kHz の他に 500 Hz や 2 kHz も用いられてき
たが，拡声音の明瞭さを重視する点と，2 kHz はスピーカのクロスオーバー周波数に近いた
め好ましくないと考えられることから，本規準では 4 kHz を対象周波数とした．

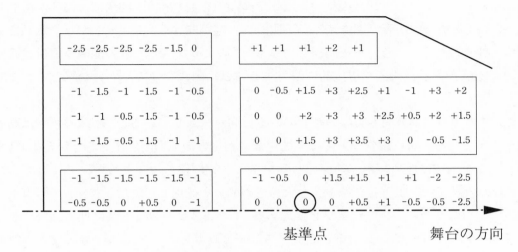

図 3.16　音圧レベル分布の測定例

3.5.2　留　意　点

（1）適切な機器選定

　　各種音響機器の選定にあたっては，室の規模・形状・残響時間等とスピーカの配置・設置条件を十分に考慮し，動作特性が推奨値を満足するように行う．

　　拡声音量に関わる主な機器性能には，スピーカの出力音圧レベル（能率）と電力増幅器の定格出力がある．ここで，電力増幅器の定格出力は，一般に正弦波（ピークファクタ約 3 dB）に対する値である．実際のスピーチや楽音に対しては 10～15 dB 程度のピークファクタを見込む必要があることから，電力増幅器は，所要の平均音圧レベルを得るために必要な出力（W）の約 10 倍以上の定格出力を有する機種が必要となることに特に注意が必要である．

　　音質に関わる主な機器性能には，スピーカをはじめとする各機器の周波数特性と音質補正機器（イコライザ等）の補正機能が挙げられ，音圧レベル分布に関わるものには，スピーカの指向特性が挙げられる．ハウリングに対する安定性には，スピーカおよびマイクロホンの指向特性が関わる．一般に，スピーチ用のマイクロホンとしては，単一指向性が適している．

　　また，音響機器は教師や生徒が使用することから，操作性に優れ，十分な耐久性を有する機器を選定する．

（2）スピーカの設置条件

　　スピーカの配置は，受聴点で得られる評価量に大きく影響するため重要である．スピーカの指向性は低音域ほど広く高音域ほど狭くなるため，低音から高音までバランス良く再生できる範囲は，スピーカ正面のある範囲に限られる．これをスピーカの指向特性（指向角度）といい，スピーカの中心軸に対する水平角度と垂直角度で表される．この指向角度範囲によって受聴エリア全体が適切にカバーされるように，スピーカの配置，取付け角度を設定する必要がある．しばしば，壁の高い位置に下向きの角度を付けずに設置されたスピーカが見受

けられるが，これではバランスの良い音は聴衆の頭上を通りすぎ，聴衆には高音が減衰したこもった音しか届かず，音は聞こえるが不明瞭で内容が聞き取りにくい，かなり意識を集中しないと聞き取れない，といった問題が生じる．このようなスピーカの配置や取付け角度が原因の問題は音質補正機器で電気的に改善することは困難なので，十分な配慮が必要である．

　また，拡声音の到来方向と実際の話者のいる方向が一致していると，聴衆の意識は話者へ集中しやすくなる．特に講堂などでは，拡声音の到来方向にも配慮することが望ましい．

　スピーカを内装に埋め込み，前面をサランネット等の音を透過する材料で仕上げる場合には，音の放射範囲を阻害しない十分な大きさの開口を確保し，また，ネット枠の下地や桟が音の放射を妨げないように注意が必要である．また，スピーカを内装に埋め込むことで生じる音のこもりやブーミング対策として，スピーカ設置スペースには十分な吸音処理が必要である．

　このように，スピーカについては，建築意匠設計者と電気音響設備設計者との十分な打合せや調整が重要である．

（3）音質補正・レベル調整が可能なシステム構成

　拡声音質は，室内の音響特性やスピーカ，マイクロホンの設置条件による影響を受けるため，システムにはそれらを補正するためのイコライザ機能が必須である．原則的には各マイクロホン入力と各スピーカがそれぞれ個別に補正できる必要がある．

　均一な拡声音量を得るためには，各スピーカの出力レベルが適切なバランスとなるように調整できなくてはならない．たとえば，スピーカクラスタを場内の前方エリアを担当するスピーカと後方を担当するスピーカの2台で構成した場合，各スピーカの出力レベルは当然異なるため，それぞれ別の電力増幅器で駆動する必要がある．

　また，あるエリアに対してメインスピーカと補助スピーカなど複数のスピーカで拡声する場合には，それぞれのスピーカからの音がひとつの音に聞こえるよう，音の到来時間を揃える必要がある．このような場合には信号遅延機器（ディレイ装置）が必要である．

（4）音響調整の実施

　設備の各構成機器が単体で所定の性能を有していても，それらをシステムとしてまとめて室内に設置するだけでは必ずしも満足すべき性能が得られるとは限らない．所要の性能を得るためには，接続する機器間の入出力レベルのマッチングや，室内音響特性およびスピーカ・マイクロホンの設置条件による拡声音質への影響の補正，均一な音量分布を得るためのスピーカ角度や電力増幅器の出力レベルバランスの調整など，総合的な音響調整が必須である．イコライザの設定やスピーカ設置角度等のわずかな変更によって動作特性が大きく向上する場合もあり，計画された性能が十分に発揮されるか否かは音響調整によって決まると言える．したがって，設置後に実際にシステムを動作させ，聴感的な確認や測定器を使用した物理特性の測定を行いながら，推奨される動作特性が得られるように音響調整を十分に行う必要がある．なお，音響調整は，十分な調整技術と経験を有し，聴感的

にも適切な判断が行える技術者によって行われるべきである．

3.5.3　動作特性の測定方法

　電気音響設備の動作特性の測定方法は，劇場演出空間技術協会編「劇場等演出空間における音響設備動作特性の測定方法　JATET-S-6010:2016」[3] に準じて行う．ただし，本規準と整合しない部分については，本規準の規定による．

———————————

参 考 文 献

1）山本照二：電気音響設備の設計入門，音響技術，No. 72，日本音響材料協会，1990

2）永田穂：新版　建築の音響設計，コロナ社，1991

3）劇場演出空間技術協会：劇場等演出空間における音響設備動作特性の測定方法－
　　JATET-S-6010：2016

4.　特に音響的配慮を要する施設の設計

4.1　木　　　　造

（1）背景

　戦後，火災に強いまちづくりのために，耐火性能の高い鉄筋コンクリート造の建築物が建てられてきた．学校建築については，鉄筋コンクリート造校舎の標準設計については，1950年（昭和 25 年）日本建築学会の協力によって，文部省は四種類の構造標準図を作成し，その普及に努めてきた．また，同年には「建築基準法」が制定され，その中で学校建築は特殊建築物として規定された．その結果，学校校舎のほとんどについては鉄筋コンクリート造で計画，施工されてきた．

　時代は巡り，「公共建築物等における木材の利用の促進に関する法律」（平成 22 年法律第36 号）が制定され，公共建築物は木材を積極的に利用し，低層の建築物では原則としてすべて木造化を図ることとなった．この法律の目的は，豊富な森林資源である国産材を利用した林業の活性化，CO_2 排出量削減などが目的となっている．公共建築物である学校施設については，木造によるストレスの緩和などの教育環境改善の効果もあることなどから，木造化への課題について，防耐火分野，構造分野を中心に検討が行われ，建築基準法等の基準類が改正されている．

（2）木造学校に対する音環境性能と対策の基本

　空気音遮断性能は壁の面密度に依存し，床衝撃音遮断性能は面密度と剛性に依存するため，コンクリート構造と比べて軽量の木造の建物の音響性能（特に，床衝撃音遮断性能）は一般的に低い．木造学校における音響性能についても，本規準の推奨値が基本となる．しかし，この推奨値は建築物の構造を特に考慮していないため，木造校舎では，推奨値の達成は厳しくならざるを得ない．そのため，木造学校の音環境については，特に事前の検討が重要となる．

　木造の学校でも，必要とされる遮音性能を実現するためにはまず配置計画が重要で，大きな音が発生する室と静けさが要求される室とが隣接しないように配慮する．実際に音響性能を考慮して設計変更を行った例を**図 4.1** に示す．英語教育を目的とした「外国語教育室」が発生音の大きい音楽室の隣室に計画されていた．音楽室と外国語教育室の界壁の空気音遮断性能を考慮する必要があったが，倉庫を間に配置することで音環境を満足することが比較的容易となる．ただし，サッシやドアからの側路伝搬音対策として，建具の遮音性能や廊下の吸音性能を向上させることが必要となる場合がある．

　木造校舎では，木肌を活かした設計が行われるが，板材料自体の吸音性能は低いので，吸音が不足して残響過多になりがちである．これを防ぐためには，木板を表面材とした孔あき板やスリット（透かし張り）吸音構造とすることが効果的である．

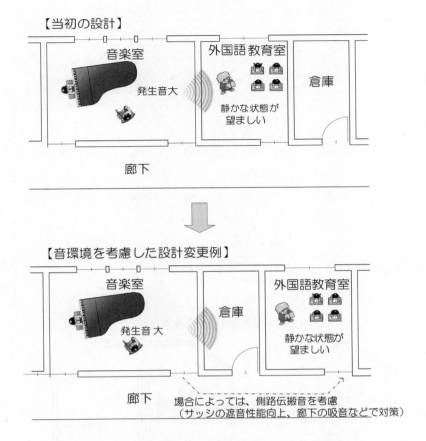

図4.1　木造学校における室配置計画の変更の例

　木造学校では，床衝撃音が特に大きな問題となり，その対策が不可欠である．この問題を改善するための発生側から受音側に至る対策の基本を**表4.1**，**図4.2**に示す．このうち，⓪については，教室の配置計画の段階での問題である．①から④までの対策は，構造，防耐火などの基準等にも関連するので，その中で音響的な性能も確保することが必要となる．なお，②の乾式二重床構造については，実験室や実建物での測定などで，その床衝撃音低減の効果が確認されている．また，木造建築物の場合，床衝撃音は天井からの放射音以外に壁からの放射音（側路伝搬音）の影響が大きくなることが多い．そのため，④の受音室内での制御については，壁と床の間に緩衝材を設置することで，壁からの放射音を低減させる方法もある．

表 4.1　木造学校における床衝撃音対策

	対策の基本	対策の例
⓪	音源室と受音室の配置計画を考慮	静かな状態が必要な室の隣室あるいは上階には，床衝撃が大きい室を配置しない　等
①	床への衝撃入力の低減	乾式二重床構造の採用，室での人の移動の制限，物の落下の防止など
②	床躯体構造による低減	床構造の重量増加，梁せいを大きくすることによる床剛性の増加
③	天井での遮音	床構造から振動的に絶縁した天井の設置，防振吊木の採用，天井ボードの増し張り，天井ふところ内への吸音材の挿入など
④	受音室内での制御	床から壁への伝達振動の低減対策，受音室内の吸音など

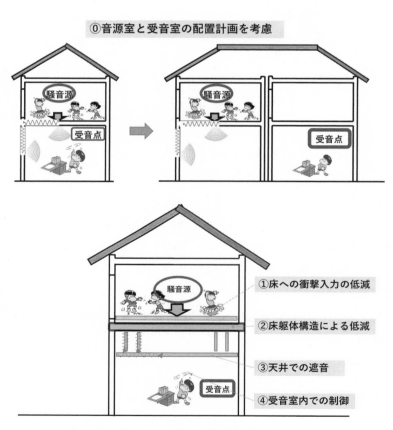

図 4.2　木造校舎における床衝撃音対策のイメージ

（3）木造学校の床衝撃音遮断性能の測定事例

　「公共建築物等における木材の利用の促進に関する法律」が施行されてから，純木造の学校校舎の技術的検討が行われてきているが，実際に建設された例は少ない（2018 年 1 月現

在).

　耐火性能の建築基準に関する見直しの検討として，準耐火構造の 3 階建て学校を実際に
建設し，実大火災実験が 3 回にわたって実施された．そのうち，2012 年 2 月に実施した実
大火災実験（準備実験）の機会に，床衝撃音遮断性能の測定を実施した事例を以下に示す．
なお，3 回の実大火災実験の成果に基づいて，2014 年 6 月に建築基準法が改正され，一定の
条件を満たせば，木造 3 階建ての学校校舎は，耐火建築物から 1 時間準耐火構造の建築物
として建設が可能となった．

　実験に用いた供試建物は木造 3 階建て（延べ床面積：約 2260 m²）で，枠組壁工法，軸組
工法の 2 種類の工法が採用された．その 1 フロアの面積は 50 m×16 m である．

　試験床の断面詳細を図 4.3，図 4.4 に示す．軸組工法の J-1 は梁上に構造用合板（t=28）
と ALC 版（t=75）を載せた構造，J-2 は J-1 の床上に乾式二重床構造を施工したもの，J-3 は
さらに小梁間に天井を施工したものである．枠組壁工法については，スパン 8 m の平行弦
トラス（H=900）2 枚合わせを床根太とし，W-1 は平行弦トラスに天井ボードを張り付けた
直張天井，W-2 は 2 枚合わせの I 形ジョイストを設置し，独立天井を施工したもの，W-3 は
W-2 の床上に乾式二重床構造を施工したものである．

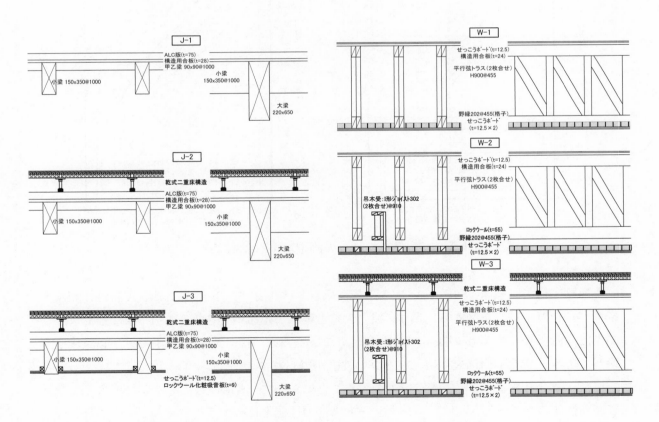

図 4.3　床断面詳細図（軸組工法）　　　　図 4.4　床断面詳細図（枠組壁工法）

　軸組工法の試験床 J-1，J-2，J-3 の床衝撃音レベルの測定結果を**図 4.5** に示す．また，バンド合成による A 特性床衝撃音レベル（標準重量衝撃源：31.5〜500 Hz 帯域，標準軽量衝撃源：125〜2000 Hz 帯域）を算出した結果についても併せて示す．L_r 数でみると，天井がない場合の J-2 の方が，天井を有する J-3 より重量床衝撃音遮断性能が高い結果となっている．これは，天井ボードの設置により共振周波数が 63 Hz 帯域に入ったためと考えられるが，A 特性床衝撃音レベルでみると，ほぼ同じ性能となっている．軽量床衝撃音遮断性能については，乾式二重床構造や天井設置による性能向上がみられた．J-1 は床仕上げのない ALC 板上であったため，L_r-90 の性能となった．測定した軸組工法の床断面では，乾式二重床構造と小梁間に天井を施工することにより，重量床衝撃音で L_r-65，軽量床衝撃音で L_r-55 の性能が得られることがわかった．

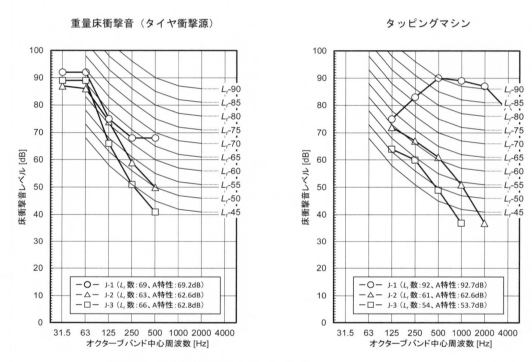

図 4.5　床衝撃音レベルの測定結果（軸組工法）

　枠組壁工法の試験床 W-1，W-2，W-3 の床衝撃音レベルとバンド合成による A 特性床衝撃音レベルを算出結果を**図 4.6** に示す．独立天井と乾式二重床構造を施工した W-3，独立天井の W-2，直張天井の W-1 の順番に性能が高くなっている．特に試験床 W-1 では，重量床衝撃音で L_r-55，軽量床衝撃音で L_r-50 と高い性能が得られている．

　以上に紹介したように，床構造を工夫することによって，木造校舎でもある程度の床衝撃音遮断性能が得られるが，鉄筋コンクリート構造の性能と比較すると性能は低い．これを向上させるためには，床構造に重量物（コンクリートやモルタルなど）を使用すること，天井の遮音性能を向上させることなどが考えられるが，重量物の使用は木造では制限があり，ま

た経済的な観点などからも現実的ではない．その中で，乾式二重床構造は，断面が大きくなることから階高に影響を与えるが，重量床衝撃音，軽量床衝撃音の遮断性能の改善が期待できる工法の一つといえる．

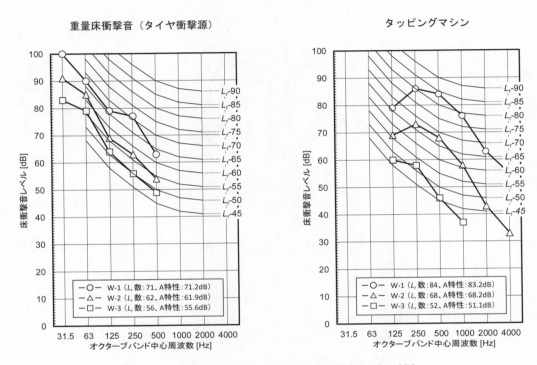

図 4.6　床衝撃音レベル測定結果（枠組壁工法）

4.2　鉄 骨 造

　鉄骨造建物は，コンクリート造建物に比べて建築工期の短縮や，建物の軽量化に伴う杭や基礎工事の工費節減などの効果がある．その反面，軽量化に伴う質量の不足や隙間ができやすいことなど，音響的なデメリットも多い．鉄骨造校舎では，これらの欠陥を補うために，特に遮音上の対策が必要となる．

4.2.1　鉄骨造の遮音対策

　鉄骨造では，隣接する教室間を仕切る界壁は，一般的にボードなどで構成された乾式壁になる．そのため，乾式壁と柱，梁，スラブなどとの端部取合いをシーリング材などで音響的な隙間がないように確実に処理する必要がある．また，鉄骨梁の下に乾式壁が施工される場合，遮音性能は壁だけでなく，梁せい，ウエブの厚み，耐火被覆部分などの仕様によって左右されるため〔**図 4.7** 参照〕，これらの部分に十分な対策が必要である．

　無孔板で構成された天井がある場合は，遮音性能が期待できる〔**図 4.8** 参照〕．しかし，近年，耐震安全性の観点から天井を設置しない計画も増えている．その場合，梁型を遮音材

で覆うことによって遮音性能を向上させる方法〔**図 4.9** 参照〕などが必要となる.

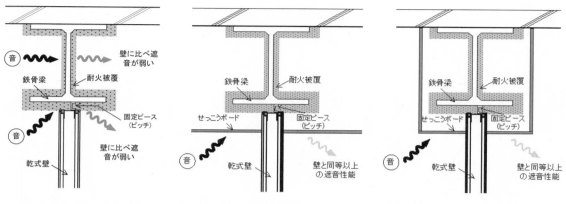

図 4.7　梁下遮音模式図
（対策なし）

図 4.8　梁下遮音模式図
（天井に遮音を期待）

図 4.9　梁下遮音模式図
（梁型に遮音を期待）

　以上に述べたような遮音対策を施すことにより，鉄骨造でもコンクリート造と同等の遮音性能を実現することが可能である.

4.2.2　鉄骨造の床衝撃音対策

　鉄骨造は，コンクリート造に比べて軽量であるため，床衝撃音遮断性能が劣ると思われがちであるが，必ずしもそうではない[1].

　図 4.10 にコンクリート造の公立学校 1 件（学校③）と鉄骨造の公立学校 2 件（学校①，②）において，各々2 室の普通教室を対象とした床衝撃音遮断性能の測定事例を示す. 図中の（　）内の数値は 1 dB ごとに読み取った L_r 数であり，バンド合成による A 特性床衝撃音レベル（重量：63〜500 Hz 帯域，軽量：125〜2000 Hz 帯域）を算出した結果も併せて示している.

　標準重量衝撃源による測定結果をみると，鉄骨造，コンクリート造ともに床衝撃音レベル等級 L_r は 50〜55 となっており，特に構造による違いはみられない. 一方，標準軽量衝撃源による測定をみると，床衝撃音レベル等級 L_r には 50〜60 と 3 ランクの差がみられるが，これは床仕上げ材の違いによるものである.

　ここに示したように，床衝撃音遮断性能に関しては，鉄骨造校舎もコンクリート造校舎と同様な対策を講じればよい.

	構　造	スラブ厚・床仕上げ
学校①	S 造 地上 2 階	スラブ厚：150 mm（フラットデッキ） 天井：せっこうボード 9.5 mm，懐寸法：900 mm 床仕上げ：根太 45×30 mm @303　　合板 12+フローリング 15 mm
学校②	S 造 地上 3 階	スラブ厚：130 mm（合成デッキ 50 mm＋山上 80 mm） 天井：有孔せっこうボード 9.5 mm，懐寸法：900 mm 床仕上げ：直張りフローリング 15 mm
学校③	RC 造 地上 3 階	スラブ厚：180 mm 天井：有孔せっこうボード 9.5 mm，懐寸法：800 mm 床仕上げ：直張りフローリング 15 mm（不陸調整用クッション材 1.5 mm）

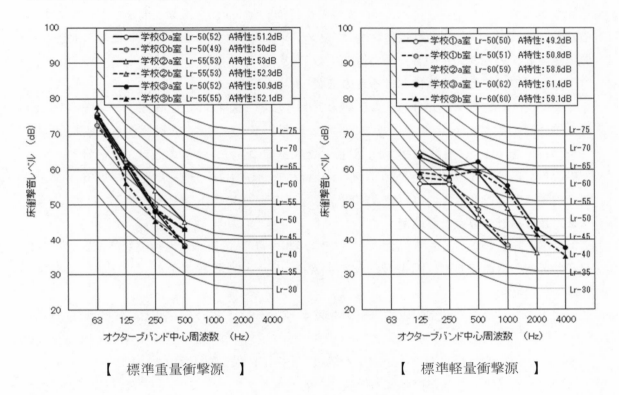

【　標準重量衝撃源　】　　　　　　　　【　標準軽量衝撃源　】

図 4.10　鉄骨造とコンクリート造の床衝撃音遮断性能の比較事例[1]

参 考 文 献

1)　日本鋼構造協会：鉄骨造を用いた公共建築物の調査・研究小員会　報告書, 2016. 11

4.3 オープンプラン教室

近年，小学校の普通教室をオープンプラン型で設計する事例が増えている．このタイプの教室配置は，運用の仕方によっては学習形態の幅を広げ，さまざまな活動を通して児童が主体的に"学ぶ場"にふさわしいフレキシビリティを備えた空間としての可能性をもつ．しかし，空間が連続しているために教室間で音がよく伝わることは避けられず，本規準で設定した教室間の遮音性能を満たすことはほぼ不可能である．オープンプラン教室でこのような音の問題を回避するためには，教師による運用上の工夫・対処が不可欠であるが，適切な音響処理が施されていない教室での教育活動は教師の負担を増大し，教室間の音の干渉による問題が解消できない場合には，児童の学習や行動・精神面にも深刻な問題を引き起こすおそれもある．したがって，設計者はオープンプラン教室の運用の仕方と同時に音の問題も十分に認識し，教室間の伝搬音を極力低減する工夫が必要である．

（1）オープンプラン教室における音の伝搬

オープンプラン教室における音の伝搬の実例として，**図 4.11** に 2 m ピッチの格子上における中心周波数 500 Hz のオクターブバンドの音圧レベルを測定した結果から作成したコンターマップを示す[1]．これをみると，隣接した教室間の音圧レベルの差は，教室配置によって異なるものの，10〜20 dB 程度である．これは，一般の片廊下型教室配置を対象とした本規準の教室間の遮音性能の推奨値（室間音圧レベル差で 40 dB）に比べてはるかに低い．

（2）音響設計の要点と具体例

上の例からもわかるとおり，オープンプラン教室の音響設計の最も重要な課題は，教室間の音の伝搬の低減である．**図 4.12** にその要点を示し，以下に説明する．

1）平面計画

オープンプランの教室配置の典型例を**図 4.13** に示す．そのうち最も一般的な教室配置は，横に並んだ教室をオープンスペースがつなぐ並列配置（a）であるが，この場合は教室間に小部屋や昇降口などの小空間を設けて教室間の距離を離すこと，オープンスペースの幅を確保することが伝搬音の低減に有効である．これは，対向して教室を配置する対向配置（b）の場合にも同様である．（c）の雁行型の教室配置は，広いオープンスペースが必要であるが，伝搬音低減の上で極めて有利である．

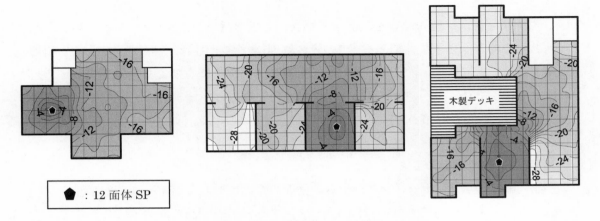

図4.11　オープンプラン教室における音圧レベル分布の実測結果（500 Hz 帯域）[1]

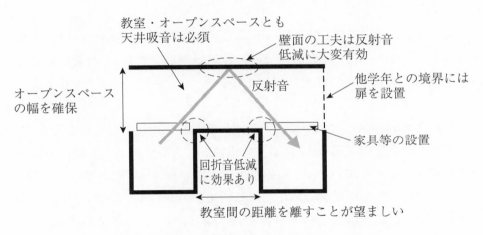

図4.12　伝搬音低減対策のポイント

図4.13　オープンプラン型教室配置の典型例

2）天井の吸音処理

　オープンプラン型の教室を設計する場合，教室とオープンスペースの天井を吸音仕上げとすることは必須条件である．この吸音処理は，室内の残響を抑制して音声の明瞭度を向上させると同時に，教室間の音の伝搬を緩和するために有効である．吸音仕上げとしては，中音域で 0.6 以上の吸音率をもつ材料を用いることが望ましい．特に高い天井をもつ教室では，空間の容積が大きいために残響が長くなるので，吸音率の高い材料を使用する必要がある．

3）音の伝搬経路上の工夫

　並列配置の場合，オープンスペースの壁面で鏡面反射して隣室へ音が伝搬しやすい．このような音の伝搬を防ぐためには，オープンスペースの壁面を部分的に吸音する，この部位に"デン"などの小空間を設けて鏡面反射を防ぐ，壁を外転びにして反射音を吸音性の天井の方向に向ける，オープンスペースに家具やパーティションなどを設置するなどの方法が効果的である．

　対向配置の場合には，音響的に影響を及ぼしあう教室の数が増えるため，より慎重な検討が必要である．特に対向する教室間で最も音が伝搬しやすく，これを低減させるためには，障壁や高さのある家具の設置が有効である．

　以上に述べた音響的処理の方法を数値シミュレーションで検討した例を**図 4.14** に，それに基づいて設計された実例を**図 4.15** に示す．数値シミュレーションでは，有限差分法による三次元波動解析の手法を用いて，一室の中央付近でパルス（音響エネルギーレベルを 100 dB と仮定）が発せられた際の空間全体における伝搬音のレベルを計算し，等高線表示した．枠内に付記した数値は隣接教室内の平均音圧レベルを示す．この結果からも，上に述べた音響的処理によって，教室スペース間の音の伝搬がかなりの程度緩和されることがわかる．なお，実際の使用時には，オープンスペースに家具類や児童の持ち物（衣類を入れた袋など）が置かれることが多く，これらの遮蔽あるいは吸音効果によって，数デシベル（大きい場合には 5〜8 dB）の伝搬音の低減が期待できる．

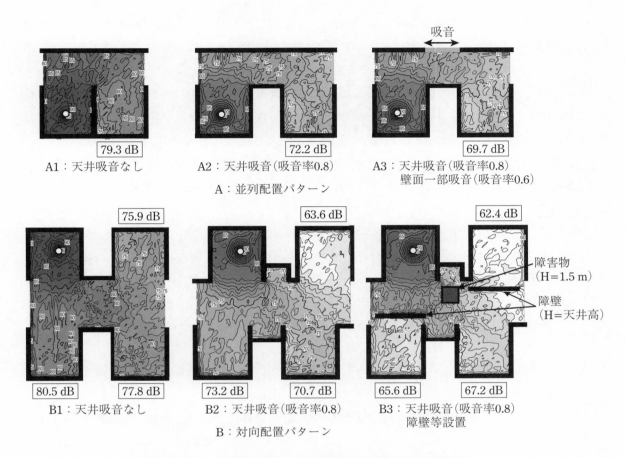

図 4.14　オープンプラン教室間の音の伝搬の計算例

（○：音源点　500 Hz 帯域の音圧レベル分布，色が濃いほど音圧が高い，数字は受音室内平均音圧レベル）

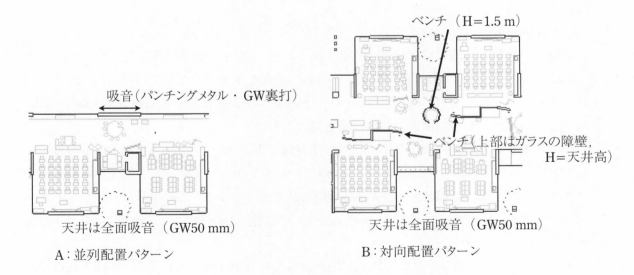

図 4.15　実際の設計例[2]

　オープンプラン方式を採用する場合には，以上に述べた事項以外にも，以下に述べる音響的な配慮も必要である．まず，十分な遮音性能をもつ教室を複数確保する必要がある．これは，低学年の音楽の授業や大きな音を発生する活動をオープン教室で行うことを避けるためである．また，互いに影響を及ぼしあう教室の数を減らすために，数教室ごとに遮音区画を設けることも重要で，一学年あたり数クラスの場合には，異なる学年のスペースの間に扉などを設け，必要な場合には音響的に遮断できるようにしておくとよい．

　近年，英語の授業も増えているが，母国語以外の場合には特に室内騒音や過度の残響は言語聴取の妨げとなりやすいので，適切な遮音および吸音処理が必要である．

参 考 文 献

1）土屋裕造：オープン型教室の音環境の実態と留意点，音響技術 No. 131，pp.55-62，2005.9

2）中島章博，上野佳奈子，坂本慎一，橘秀樹：オープンプラン教室配置における音響伝搬特性の検討，日本建築学会環境系論文集，第 626 号，pp.415-422，2008.4

4.4　体　育　館

　体育館は，本来の用途である体育の教育や部活動以外に，集会，講演，各種のイベントのための多目的スペースとして用いられることが多い．また，児童生徒が安全で安心に過ごせる場所として，あるいは地震等の災害発生時には応急的な避難施設としての役割をも担う．このことから，体育館は多目的スペースとして，音声や楽音に対する響きが適正に保たれるだけでなく，避難施設として静謐性が確保される音響計画が望まれる．なお，東日本大震災後は天井の脱落対策が重要視され，吊り天井については法的に構造的な制約を受ける [1] 点についても考慮が必要である．

（1）室内音響

　体育館の建築音響的な問題点は，残響過多によって音声の明瞭度が低下し，喧騒感が高くなることである．体育館は，その用途から内装の強度を確保するために硬質の仕上げを多用せざるをえず，またコストの点からも吸音処理などが疎かにされがちであるが，空間の質を高めるためには，音響的配慮がぜひとも必要である．

　そこで本規準では，標準的な小中学校の体育館（幅 20 m×奥行 30 m×高さ 8 m 程度）の残響時間として 1.6 秒（平均吸音率で 0.2 程度）を推奨値としている．これはある程度の音声明瞭度を確保すると同時に，過度な喧騒感を防ぐためである．この推奨値を満足するためには，少なくとも天井面はグラスウールなどの多孔質吸音材を用いて，全面的に吸音する必要がある．

　体育館の壁面は，強度が必要なために使用できる吸音構法は限られるが，板厚を確保した有孔板，スリット，リブ，エキスパンデッドメタルなどの表面仕上げ材の背後に多孔質吸音

材を挿入した吸音処理が使用できる．一般に，体育館はガラス面が多く，吸音できる部位が限られるため，吸音しすぎることはなく，可能な範囲は丹念に吸音することが望ましい．これは体育館内部の問題だけでなく，外部への音の漏れを小さくする上でも重要である．

　舞台が設けられ，講演，演劇などの用途にも用いられる多目的の体育館の場合には，講堂やホールに準じた室内音響設計および電気音響設備設計が必要となる．**図 4.16** に音響改善のための吸音処理の例を示す．図中の舞台内部の吸音処理は，奥まった部分からの反射音を抑えて舞台上の音響を改善するためであり，後壁の吸音処理は，プロセニアム開口付近に設置されるスピーカからの音が舞台付近まで強く反射され，直接音と分離して聞こえてエコーになるのを防ぐためである．さらに，側壁間での多重反射（鳴き竜現象）も防ぐためには，側壁を吸音処理するのが望ましく，吸音面は床面から音源の高さ以上まで立ち上げるのが効果的である．その場合，手の届く範囲の吸音面は吸音材保護のため，リブ等を表面に設ける必要がある．

　図 4.17 に示すように，体育館の天井は構造的な理由から大きな凹面となることが多く，床との間で多重反射（鳴き竜現象）が生じやすい．これを軽減する方法としては，天井面に拡散体あるいは吸音パネル（グラスウールボードなど）を取り付けることが有効である．

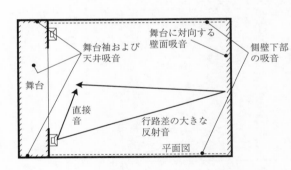

図 4.16　舞台上および舞台付近の音響改善を意図した吸音材の配置例

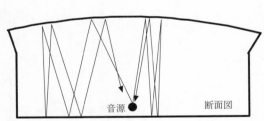

図 4.17　天井形状による音の集中

（2）換気設備の発生騒音

　体育館を強制換気する場合，換気ファンの発生音がしばしば問題となる．これを防ぐためには，消音器を設置することが必要である．ただし，消音器を設置すると圧力損失が上昇して換気量が減るので，換気効率を十分に考慮する必要がある．

（3）遮　　音

　体育館では大きな音が発生されるので，その近くに静穏な音環境が要求される音楽室，保健室などの室を配置することは好ましくない．やむを得ずそのような配置になる場合には，中間にサウンドロックスペースを設け，内部を十分に吸音処理することによって室間の遮音性能を高める必要がある．

　界壁には，コンクリートや質量のある材料を複層に用いた遮音壁を使用する．ただし，出

入口扉によって壁全体の遮音性能が低下するので，この点も注意する必要がある．

（4）床衝撃音

体育館では大きな床衝撃音が発生し，近接したほかの諸室に影響を及ぼす．これを避けるために，以下の対策が必要で，適宜組み合わせるとよい．

1) 床そのものを振動しにくくするために，スラブ厚さを大きくする，あるいは梁間隔を細かくするなどによって，躯体スラブの剛性を高める．

2) 躯体スラブの上に湿式や乾式の浮床を設置し，躯体スラブに伝わる衝撃力を低減する．その一例を**図4.18**に示す．

3) 下室の天井を防振天井とし，躯体床から天井へ伝わる振動を低減する．ただし，この対策だけでは床衝撃音を防ぐことは困難で，1），2）の対策と併用する必要がある．

床衝撃音遮断性能の目標値をA特性音圧レベルまたは等級曲線による評価値の値で40〜30として，実際に上述の1)〜3)の対策を施した体育館の床断面の仕様概要を**表4.2，図4.19**に示す．ここに示した体育館の事例では，下室における床衝撃音の問題は，特に報告されていない．

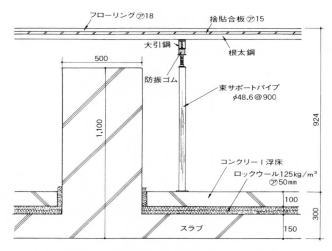

図4.18 体育館の床の断面仕様の例 [2)]

（浮き床のみを施工した場合よりも，仕上げ床を施工した方が，床衝撃音遮断性能が低下する可能性があるので注意が必要）

表 4.2　体育館の床構造の断面仕様の例 [2]

	事例1	事例2	事例3	事例4	事例5	事例6
建物構造	鉄骨造	鉄骨造	鉄骨造	RC造	RC造	RC造
スラブ厚	230 mm	325 mm	300 mm	250 mm	200 mm	200 mm
仕上げ床工法	置き床	置き床	置き床	置き床	グラスウール浮床	防振ゴム浮床
	床厚300 mm	床厚400 mm	床厚400 mm	床厚300 mm	床厚400 mm	床厚185 mm
天井仕様	防振天井（ボード2層）	防振天井（ボード2層）	防振天井（ボード2層）	普通天井（ボード単層）	防振天井（ボード2層）	防振天井（ボード2層）
	空気層1 000 mm	空気層1 000 mm	空気層700 mm		空気層450 mm	空気層600 mm
直下階の室用途	会議室，特別教室	会議室，事務室	普通教室	保健室	音楽講堂，図書室	保健室

注）仕上げ床工法の床厚は，空気層を含んだ総厚

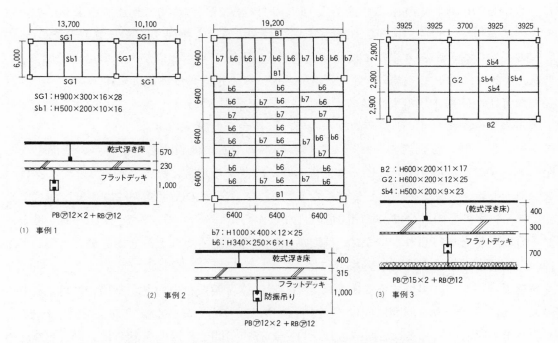

図 4.19　表 4.2，事例 1〜3 に採用した床構造 [2]

（5）講堂を兼用する体育館の電気音響設備

1）スピーカの配置

固定の舞台がある場合，舞台上の話者の方向から拡声音が聞こえるように，舞台開口上部の中央 1 か所か左右 2 か所もしくは舞台両脇の 2 か所にメインスピーカを配置する．このためのスピーカとしては，室の大きさや形状に応じて適切な指向角度をもつものを複数組み合わせて用いる．室の短辺に舞台があって，奥行を長く使う標準的な小中学校の体育館（幅 20 m×奥行 30 m×高さ 8 m 程度）の場合，聴取エリア全体に均一な音量を届けるためには，**図 4.20** に示すように少なくとも 4 台のスピーカが必要である．その際，ステージに近い前方のエリアに対しては指向角度の広い機種を，ステージから遠い後方のエリアに対しては指向角度の狭い機種を組み合わせ，各スピーカの指向範囲が聴取エリアをくまなくカバーするように，上下・左右の角度をつけて設置する．後方向きのスピーカは，スピーカの中心軸を最後部の客席位置に向けて設置角度を決めるのがよい．これはスピーカの中心軸より後方のエリアでは，中心軸からずれることによる音圧の低下と，中心軸との到達距離差による音圧の低下の双方により，急激に音圧が低下するためである．さらに，後方席の近傍に補助スピーカを設置し，信号遅延装置によって舞台側の主スピーカからの直接音より数ミリ秒から 15 ミリ秒程度の遅れ時間で到達するように拡声することによって，音の方向感と明瞭さを損なわずに音圧を確保することが可能である．

室の長辺に舞台があり横長に使用する場合や，上記よりも規模が大きい場合には，室の形状，大きさに対して，聴取エリア全体がスピーカの指向角度の範囲によってカバーされ，必要な音圧が確保されるようにスピーカ台数を決定する．

固定の舞台を持たず，必要時のみ壁の手前に舞台を仮設する場合には，スタンドやキャスター台に乗せた移動式のスピーカを舞台前端の左右に仮設するか，舞台の背面となる壁にあらかじめ設置する．スピーカを背面壁に設置する場合には，スピーカとマイクロホンが対面し，ハウリングが生じやすくなるため，スピーカの設置位置には十分な注意が必要である．移動型の場合は，転倒の危険性などからスピーカの設置高さが限られ，後方まで十分な音量を届けられないため，補助スピーカを設置するなど配慮が必要である．また，音の方向感を重視しなくてよい場合には，スピーカを天井に分散して配置すると，明瞭な音声を場内に均一に提供することができる．特に体育競技を中心とする場合には，室中央の天井部にスピーカを周囲に向けて集中配置するよりも，良好な拡声効果が得られる．

舞台上の話者にとっては，拡声された自分の音声が聞こえないと話しにくい．そのため，舞台開口の内側の両側に，舞台内へ向けたスピーカ（はね返りスピーカ）を設置する．

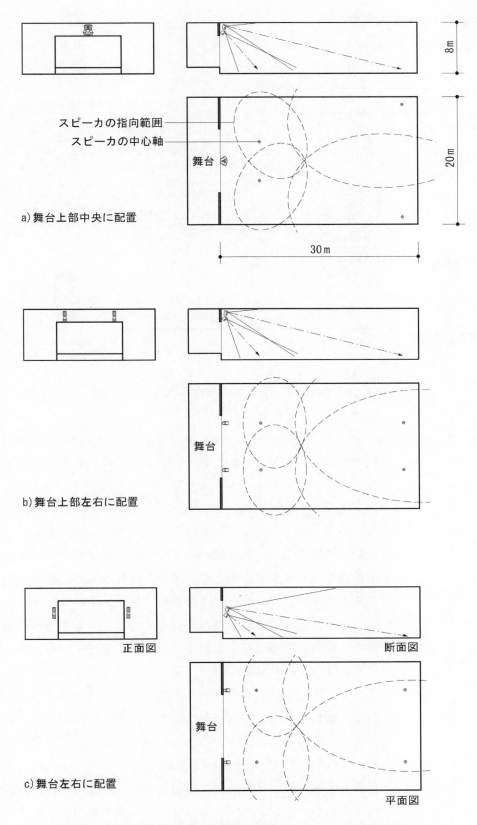

8 m

スピーカの指向範囲

スピーカの中心軸

舞台

20 m

30 m

a) 舞台上部中央に配置

舞台

b) 舞台上部左右に配置

正面図

断面図

舞台

c) 舞台左右に配置

平面図

図 4.20　標準的な小中学校体育館におけるスピーカ配置の例

2) 標準的なシステム構成

標準的なシステム構成の一例を**図4.21**に示す.

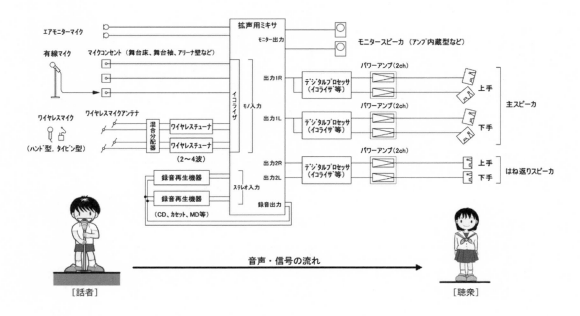

図4.21 体育館の電気音響設備システムの一例

- マイクロホン：ハウリング低減のため，マイクロホンの正面方向の感度が高い単一
指向性のものが望ましい．耐久性が高く，維持管理が比較的容易な
ダイナミック型がよい．ワイヤレスマイクはデッドポイントの少な
いダイバシティ式がよい．

- ミキサー：シンプルで操作性のよい小型ミキサーとする．マイクロホン入力に
イコライザを備え，例えばハンドマイクとタイピンマイクそれぞれ
に最適なハウリング抑制と音質補正が可能なものが望ましい（設定
が変更できないプリセット選択方式は好ましくない）．

- 出力イコライザ類：スピーカからの拡声音が聴衆に届くまでに室の音響特性によって受
ける音質的な影響の補正およびハウリングしやすい周波数の制御の
ためのイコライザ装置（グラフィックイコライザやパラメトリック
イコライザ），補助スピーカがある場合には主スピーカの音との到達
時間を調整するための信号遅延装置（ディレイ装置），過大入力によ
るスピーカの破損を保護するためのコンプレッサ・リミッタ装置な
どが最低限必要である．いずれの機器もスピーカ1台につき1系統
を導入する．デジタル技術の発展により，最近はこれらの機能を1
台に集約したデジタルプロセッサや，同機能を内蔵したデジタルミ
キサーもある．

・パ ワ ー ア ン プ：必要な再生音圧とスピーカの許容入力に適合する出力のものを選
定する.
・ス ピ ー カ：**図 4. 20** は定指向性ホーンをもった高音域用ドライバと低音域用ウ
ーハで構成された標準的な 2 ウェイ型スピーカの例である.カタ
ログ上の指向角度が同じでもホーンが大きいほど低い周波数まで
指向性が制御され遠くまで音が届くので,適度な大きさのホーン
をもつ機種がよい.ウーハは 30 cm（12 インチ）程度あればスピー
チには問題ない.なお,1 台のスピーカに前方向きの指向角度の広
いホーンと後方向きの指向角度の狭いホーンとが取り付けられた
スピーカが体育館用として製品化されているが,取付け角度には
通常のスピーカと同様に十分な注意が必要である.また,2 つのホ
ーンの出力を個別に変更できないため,規定出力で前方と後方の
音量バランスがとれない場合には,補助スピーカの設置などが必
要となる.この他,最近では小型のスピーカユニットを直列配置し
たラインアレイ型スピーカもある.このタイプは水平方向の指向
性が広く,垂直方向の指向性はユニットの台数や連結角度によっ
てコントロールされるので,適切に設計すれば良好な拡声が行える.
・エアモニター装置：体育館に付属の放送室など客席と区切られた室で拡声操作を行う
場合には,放送室内で客席での拡声状況を確認するためのエアモ
ニターマイクとモニタースピーカが必要である.エアモニターマ
イクは余計な音を除外するよう超指向性のものを,客席内でスピ
ーカの拡声音を適切に集音できる位置に,壁等の振動を低減する
防振マウントを介して設置することが望ましい.モニタースピー
カは再生周波数範囲の広いニアフィールド用のものを,聞きなが
ら操作しやすい位置に設置する.

3）システムの音響調整

　設備の最終的な拡声品質はシステムの音響調整によって左右されるため,必ず実施す
る.その際には本規準の推奨値を参考に調整すればよいが,聴感的な検討も重要である.
また,誤操作や故障などで設定が変わってしまったときのために,各機器の調整値（設定
値）は書類にまとめておく.

　調整を確実に実施し,良好な拡声品質を確保するために,本規準の推奨値と併せて調整
実施の旨を設計図書に明記することが望ましい.

参 考 文 献

1）　日本建築学会：天井等の非構造部材の落下に対する安全対策指針・同解説，2015
2）　田野正典：体育館の床衝撃音，音響技術，No. 103，1998.9

4.5 音楽関連諸室

（1）必要な音響性能

音楽関連諸室では，音楽が豊かに美しく響くと同時に，室内の暗騒音・空調騒音を低く保ち，隣室や外部との遮音性能を確保する必要があるなど，音響性能の確保に細心の注意が必要である．

本規準のうち，音楽関連諸室の音響性能推奨値を抜粋すると**表4.3**に示すとおりで，普通教室などと比較すると，室内騒音，遮音性能ともに2ランク程度厳しく設定されている．本規準は一般的な水準を想定しているが，使用者の意識や要求するレベルが異なることもあるので，計画の早期の段階で関係者との打合せを十分に行い，要求のレベルを把握しておくことが必要である．

（2）室内音響設計の要点と具体例

音楽関連諸室の室内音響設計では，**表4.3**に示す用途別の残響時間の推奨値を満足することがまず重要であるが，それ以外に残響時間の周波数特性にも注意を払い，また，フラッターエコーやカラレーションなどの音響障害が発生しないように，室形状の検討を行うことも大切である．

設計事例として，室容積 350 m³ 程度の音楽教室および小規模な音楽練習室の例を以下に示す〔**図4.22**，**図4.23**〕．

表4.3　音楽関連諸室の音響性能のまとめ

室内騒音推奨値（$L_{Aeq,T}$）		35
室間の遮音性能推奨値（D_m，D_r）	隣室の静けさの要求レベルA[*1]	60
	〃　　　　　　　B[*1]	55
床衝撃音遮断性能推奨値（A特性音圧レベル，等級曲線評価値）	隣室の静けさの要求レベルA[*1]	50
	〃　　　　　　　B[*1]	55
残響時間推奨値（平均吸音率）	音楽教室（試聴を行う）200 m³程度[*2]	0.6秒（0.2程度[*3]）
	音楽練習室（ブラスバンド）300 m³程度[*2]	0.6秒（0.25程度[*3]）
	視聴覚室 300 m³程度[*2]	0.4秒（0.3程度[*3]）
	音楽練習室（合唱，器楽練習室）300 m³程度[*2]	0.9秒（0.15程度[*3]）

*1　A，Bは**Ⅰ 規準**の**表1**の分類を示す．
*2　残響時間は室容積に関係しているため，代表的な大きさの室に対する残響時間の推奨値を示す．
　　ここで示す容積と大きく異なる場合には，**Ⅰ 規準**の**図1**を参照すること．
*3　平均吸音率を示す．

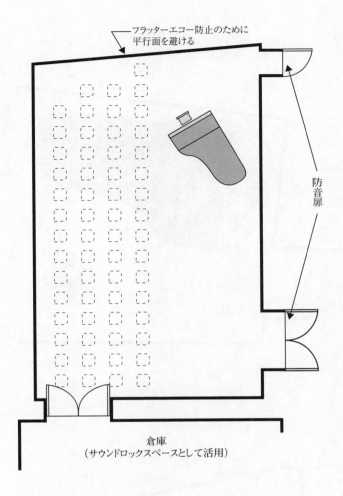

フラッターエコー防止のために
平行面を避ける

防音扉

倉庫
（サウンドロックスペースとして活用）

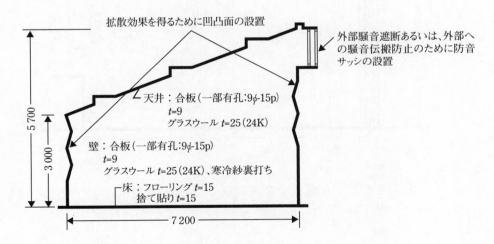

拡散効果を得るために凹凸面の設置

外部騒音遮断あるいは、外部へ
の騒音伝搬防止のために防音
サッシの設置

天井：合板（一部有孔：9φ-15p）
　　　$t=9$
　　　グラスウール $t=25$（24K）

壁：合板（一部有孔：9φ-15p）
　　$t=9$
　　グラスウール $t=25$（24K）、寒冷紗裏打ち

床：フローリング $t=15$
　　捨て貼り $t=15$

5 700

3 000

7 200

図 4.22　音楽教室の音響設計の例

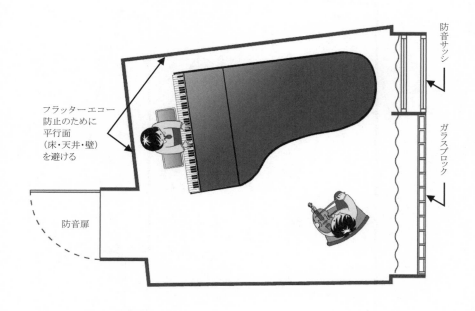

フラッターエコー
防止のために
平行面
（床・天井・壁）
を避ける

防音サッシ

ガラスブロック

防音扉

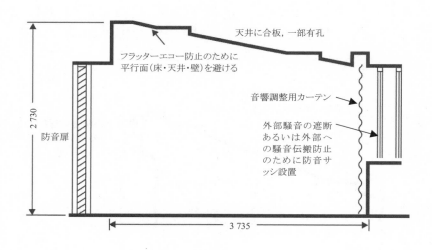

天井に合板，一部有孔

フラッターエコー防止のために
平行面（床・天井・壁）を避ける

音響調整用カーテン

外部騒音の遮断
あるいは外部へ
の騒音伝搬防止
のために防音サ
ッシ設置

防音扉

2 730

3 735

図 4.23　小規模音楽練習室の音響設計の例

1) 室の形状および寸法比

室の形状としては，フラッターエコーや反射音の集中などの音響障害を避けるために，大きな凹曲面や勾配の緩い天井などは用いるべきではない〔**図4.24**参照〕．意匠上の理由から円形，楕円形，扇形，多角形などの室形状を採用する場合には，模型実験や数値シミュレーションなどの方法で，詳細な検討が必要である．その場合には，音響専門家に相談することが望ましい．

直方体の室形状を採用する場合，平行する壁面間で生じるフラッターエコーを防ぐために，少なくとも一方の壁を拡散形状にするなどの考慮が必要である．また，室容積が小さい室では，ある特定の周波数（低音）で室が共鳴する現象（ブーミング）が生じるので，室の縦・横・高さの寸法比が単純な整数比とならないようにする．

2) 吸音材料の選択と配置

残響計画（内装計画）では，吸音材料の選定と配置が重要であるが，音楽関係諸室については以下の点に留意する．

- エコー障害の原因となりやすい部分は，吸音仕上げとする．
- 吸音の周波数特性に注意する．コンクリート造の場合は，低音域の吸音力が不足しがちになるため，多孔質材の背後には十分な空気層を確保する．また，**図4.25**に示すスリット構造など共鳴型の吸音機構を利用する方法も有効であるが，共鳴周波数に注意する必要がある．
- 自分が出す音とともに他の演奏者が出す音が明瞭に聞き取れるように，初期反射音に有効な反射面を確保する．演奏位置が特定できない場合には，吸音面と反射面を分散配置する．
- 演奏者と聴衆の位置関係が明確に決まっている場合には，演奏者側を反射性仕上げとする．

3) 音響障害の抑制

エコー障害やブーミングを抑制する方法として，以下の方法が有効である．

- **平行面を避ける**

  対向する壁面間では，フラッターエコーが生じやすい．これを避けるためには，一方の壁面に5°〜10°程度の傾斜をつけることが有効である〔**図4.22**，**図4.23**参照〕．掲示板や黒板，隣接する放送・録音室との間ののぞき窓などもフラッターエコーの原因となることがあるので，注意が必要である．

- **吸音処理**

  フラッターエコーの抑制には，対向壁面の一方を吸音処理することも有効である．また，ブーミングを抑制する方法としては，背後空気層を十分に設けた多孔質材料やスリット〔**図4.25**〕，板状材料など低音域の吸音力に優れた吸音材料を用いる．ただし，これらを多用しすぎて低音の響きが不足しないように注意が必要である．

・**拡散処理**

　音場の拡散を良くするためには，反射性材料を拡散形状（屏風折れ形，ポリシリンダー形など）にして壁や天井に取り付けるとよい．また，棚などの家具類も音場の拡散に効果をもつ．

4）吸音力の調整

　一つの音楽教室が多目的に使用されることが想定される場合，用途・目的に応じて残響時間を調整できることが望ましい．その最も簡単な方法として，壁面に吸音性の高いカーテンを吊り下げる方法がよく用いられており，フラッターエコーの防止にも有効である．この目的に用いるカーテンは，壁面を広く覆えるもので，厚手でヒダが多く，遮光のための裏打ちがされていないものを選ぶ必要がある．ただし，この方法では，低音域までの吸音は難しい．

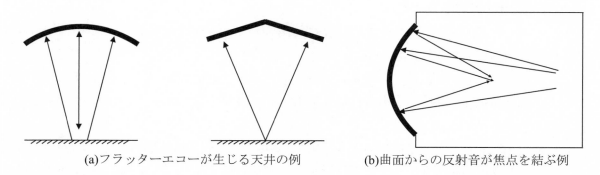

(a)フラッターエコーが生じる天井の例　　(b)曲面からの反射音が焦点を結ぶ例

図 4.24　望ましくない室形の例

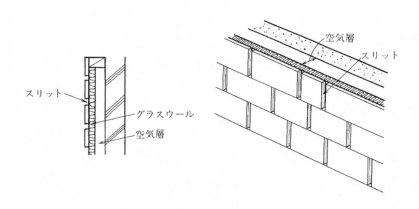

図 4.25　スリット構造の例[1]

参 考 文 献

1）永田穂：新版建築の音響設計，コロナ社，1991

5.　特に音響的配慮を要する子どもたちのための設計

5.1　特別な支援を必要とする子どもの学習環境

　近年，障害をもつ児童生徒および通常学級に在籍する特別な教育的支援を要する児童生徒が増加している．特別支援教育の対象に関する文部科学省の調査によれば，特別支援学校・特別支援学級・通常の学級で通級による指導を受けている児童生徒の割合は 3.58 ％（約36 万 2 千人），通常の学級に在籍する発達障害（LD・ADHD・高機能自閉症等）の可能性のある児童生徒の割合は 6.5 ％程度となっている（2015 年 5 月現在）．このうち，聴覚障害については，**5.2 難聴学級用教室**に記載しており，本項では聴覚に過敏性をもつなどの理由で音環境面の配慮が必要な児童生徒の学習環境について取り上げる．主として，知的障害を対象とした特別支援教育のための教室を想定しているが，特別な支援を要する児童生徒が通常学級に在籍してインクルーシブ教育を受ける場合にも，基礎的環境整備および合理的配慮の観点から，本項に書かれた内容を踏まえて音環境を保全することが望ましい．

（1）音環境について配慮が必要な子ども

　聴覚面・コミュニケーション面の障害により音環境について特別な配慮が必要とされる障害としては，発話・言語・コミュニケーションにおける障害，視覚障害，伝音性難聴，聴覚情報処理障害などに加えて，広汎性発達障害（自閉スペクトラム症，アスペルガー症候群など），注意欠陥多動性障害（ADHD）などの発達障害がある．特別支援教育を受ける児童生徒には，発達障害をもつ児童生徒も多い．このような児童生徒の感覚の特殊性や環境配慮の必要性については，近年認識が高まっており，イギリスやドイツなどでは，規格・基準などの整備が進められている．

　発達障害のなかでも，自閉スペクトラム症については，感覚処理の非定型性をもつケースが多いことが知られている [1]．自閉スペクトラム症の感覚処理特性の非定型性は，全ての感覚で報告されているが，中でも聴覚は頻繁に報告されており，言語発達にも関連し，社会生活やコミュニケーションに対する影響が大きい．このような発達障害をもつ児童生徒の学校生活への適応を支えるためには，聴覚処理特性や行動特性を踏まえた音環境の整備が求められる．

　学校の教室では，児童生徒の音声が同時多発的に発生し，騒がしい音環境になる場面が日常的にみられるが，非定型な聴覚処理特性をもつ児童生徒は，騒音や複数の音声から必要な情報を選択的に聴取することに問題を抱えている場合や，特定の音に対して強い反応を示す場合，騒がしさが負荷となって教室内に留まることに困難が生じる場合がある．環境からの負荷を軽減するためには，通常の教室以上に音環境の保全の必要性が高い．

（2）特別支援教室の音響特性

　本規準で示された特別な支援を必要とする子どもの学習環境に対する音響性能の推奨値を**表 5.1**に示す．特別支援学級の場合には，一学級あたりの人数が少数で個別指導や少人数グループ学習が主であるため，全般的には音環境面の問題が生じることは少ない．ただし，上述のとおり，障害の特性によって通常の児童生徒とは異なる影響が生じることを認識し

た上で，音環境を保全する必要がある．知的障害の特別支援教育では，音楽や身体の動きを用いた活動が多く取り入れられ，また，児童生徒が大きな声や音を発したり，パニックを起こす場面もみられる．このような活動に伴い，場合によっては大きな発生音が生じる[2]〔**図 5.1**〕．一方で，前項に記したとおり，音環境から大きな負荷を受ける児童生徒もいることから，他の空間や活動単位と音の干渉が生じることは避けるべきである．室内騒音の推奨値としては，通常の教室と同等の静けさ，それを得るための遮音性能を推奨している．教室とは別に，パニックの鎮静時や個別対応を要する場合などに使われる部屋〔**Ⅰ 規準・表**1 中「特別な支援を必要とする子どもが落ち着くための室」〕を設置する場合には，教室より1ランク高い条件を推奨値としている．

室内の響きについては，音声聴取を容易にするためにできるだけ抑制した方がよいことから，残響時間の推奨値を 0.5 秒としている．特別支援教室は普通教室の半分程度の小規模の室を用いることも多いため，残響時間よりも平均吸音率を目安として吸音処理を施すことが適切である．その場合は，平均吸音率 0.25 程度を確保する．パニックの鎮静時などに用いられる「特別な支援を必要とする子どもが落ち着くための室」についても，平均吸音率 0.25 程度とする．

表 5.1 特別な支援を必要とする子どもの学習環境の音響性能の推奨値

性能項目	推奨値	備考	Ⅰ 規準
室内騒音レベル	35 40	静かな状態が必要（休息用） 静かな状態が望ましい（授業・活動用）	表 2
室間音圧レベル差	45／50／60 40／45／55	音源側：中(1)／中(2)／大[*1]（休息用） 音源側：中(1)／中(2)／大[*1]（授業・活動用）	表 3
床衝撃音レベル	50 55/45/40	衝撃源側：Ⅰ[*1][*2]（休息用） 衝撃源側：Ⅰ／Ⅱ／Ⅲ[*1]（授業・活動用）	表 4
残響時間 （平均吸音率）	0.5 秒 (0.25)	響きの程度：短め（200 m³ 程度）	表 5

*1 中(1)，中(2)，大は **Ⅰ 規準 表**1 の分類，Ⅰ，Ⅱ，Ⅲは **Ⅰ 規準 表**4 の分類を示す．
*2 衝撃源側に重量衝撃源を含む室の配置は避ける．

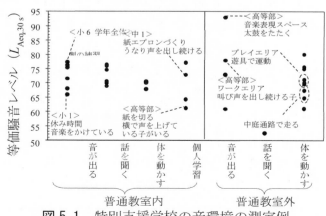

図 5.1 特別支援学校の音環境の測定例

（3）その他の留意事項

1）作業スペース

　特別支援学校では，卒業後の社会訓練を行う場として，作業室や実習室が設置されているケースが多い．作業の内容によっては大きな作業音が発生し，特に複数の作業コーナーが同一空間内に設けられる場合には，作業音や声が耳障りに聞こえる状態が生じやすい．作業室等の特別教室については，教室に準ずる障害特性への配慮とともに，活動実態を踏まえた音響性能確保が必要である．室の吸音は作業音によって生じる喧騒感を緩和する効果があり，大きな作業音が発生する作業室等では，吸音性を高めて響きを抑制することが重要である．

2）リラックススペース

　児童生徒がパニックを起こした際には，リラックススペースやクールダウンスペースと呼ばれるやや閉じられた空間で，パニックの沈静を促すことが多く行われており，学習に取り組めるよう落ち着きを取り戻すための重要なスペースとなっている〔**図 5.2**〕．教室の近くに遮音・吸音性の高い小部屋を設けることは，パニックの鎮静や個別学習などさまざまな場面に活用可能である．また，教室内にスペースを設ければ，児童の学習面とともに，教員の人員配置の面で有利である．教室内のスペースづくりには，床にマットを敷く，暖簾や家具で視界を遮る，対象の児童生徒の好きなものを置くなどの工夫がなされるが，発達障害等により非定型な聴覚処理特性をもつ児童生徒には，遮音性が高い空間を用意しておくことも効果的である．

　リラックススペースやクールダウンスペースは，製品として市販されているものもあるが，安価に自作することもできる．**図 5.3** は，音の遮断・吸音に配慮したリラックススペースの作成方法の例で，内部に吸音材を用いることで音が緩和され，外部とは異なる音空間をつくる機能をもつ．特別支援学校における使用事例では，休み時間の度に内部に入って耳を休めることでパニックが抑制されたケースや，パニック時に気持ちを静める場所として機能したケースが報告されている．

（a）クッション性の壁の小部屋　　（b）暖簾により視覚的に仕切った　　（c）音の遮断に配慮し内部に吸音
　　　　　　　　　　　　　　　　　　　　スペース　　　　　　　　　　　材を用いたスペース

図 5.2　リラックススペースの例

外側：
　プラスチック
　段ボール
内側：
　クッション状
　吸音材

布状吸音材

金属製パイプ

・**大きさ**：使用者の体格に合わせて，1人で座った状態で広すぎない寸法がよい．
・**構造・材料**：年齢・使用目的によっては，より頑丈なもの，持ち運べるものが望まれる．
・**音響性能**：外からの音の遮断の要請や，内部で声を出す場面があり，遮音・吸音性能が求められる．
・**視環境**：暗めで内から外の視線が遮断されること，外から児童生徒の在・不在が確認できることが望まれる．
・**使い方**：教室での生活や学習を支援するためのものとして，児童生徒と教員の間で使い方のルールを設けることが重要である．

図5.3　音の遮断に配慮したリラックススペースの作成例・好まれる条件

3)　階段・廊下など

　階段や廊下などの動線部分は，吸音処理が施されないケースが多いが，音に過敏な児童生徒は残響過多を嫌い，通行に支障をきたす場合もあることから，吸音処理の必要性が高い〔**Ⅰ　規準・表5**参照〕．

4)　吸音のための工夫

　建築仕上げによる吸音が不足する場合，カーテンや吸音性のある厚手の布を壁面などに取り付けたり〔**図5.4**〕，マットなどの柔らかい素材（多孔質吸音材料），吸音性能を備えた衝立やパーティション（市販品に限らず厚手の布や吸音材料を取り付けたものでもよい）を室内に置くことで，吸音の効果が得られ，響きを抑制することができる．その場合，薄手の布は高い周波数に効果が限定されるため，できるだけ厚手のもの，通気性のある素材を選択することが重要である．

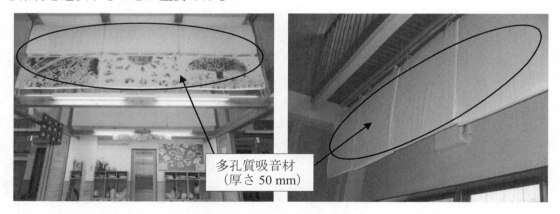

多孔質吸音材
（厚さ 50 mm）

図5.4　吸音材料を吊り下げて室内の響きを抑制した例

参 考 文 献

1)　高橋秀俊，神尾陽子：自閉スペクトラム症の感覚の特徴，精神神経学雑誌，120 巻，5 号，pp.369-383, 2018.5

2)　上野佳奈子，中島ちひろ：障碍児のための学習・生活空間の音環境に関する調査研究，日本建築学会環境系論文集，682 号，pp.933-940, 2012.12

5.2　難聴学級教室

　通常の小学校・中学校には聴覚障害のある生徒向けに難聴学級を設置する場合があり，文部科学省の報告によると，平成 26 年度の全国でその数は 900 校，生徒数は 3600 人を上回る．特に近年，教育におけるノーマライゼーションの観点から通級指導の制度化や就学基準の緩和が進められ，聴覚障害の程度が軽度から重度までの生徒が難聴学級に通うようになってきている．一般に，難聴生徒は大半の時間を健常生徒とともに普通教室で過ごし，必要に応じて難聴学級教室で聴能・発声の訓練や教科指導を受けているが，その中で騒音に対しては健常生徒に比べて敏感な反応を示す．したがって，難聴学級教室については高度な音響的配慮が不可欠であることは言うまでもないが，普通教室をはじめ一般の諸室についても難聴生徒が含まれることを念頭に置き，本規準が示す各室の推奨値をできる限り実現することが望ましい．

（1）難聴生徒の聴力

　国は学校教育法に基づき，聴覚障害特別支援学校の就学基準を「両耳の聴力レベル[注1]がおおむね 60 dB 以上のもののうち，補聴器等の使用によっても通常の話声を解することが不可能又は著しく困難な程度もの」，難聴学級の指導対象とする生徒を「補聴器等の使用によっても通常の話声を解することが困難な程度のもの」と定めている．一方，アンケート調査 [1]によると，難聴学級の生徒のうち聴力レベル 60 dB 以上が約 8 割，100 dB 以上が約 3 割となっており，聴覚障害特別支援学校の生徒と変わらない聴力レベルの生徒が大半を占めることが指摘されている．

　難聴には大きく分けて伝音性難聴[注2]と感音性難聴[注3]があり，補聴器の効果が十分に得られにくい感音性難聴の割合が比較的高い．したがって，補聴器を用いた場合でも難聴生徒の聴力にはかなりの個人差があることに留意する必要がある．さらに，感音性難聴の生徒のほとんどは高音域が聞こえにくく，健常生徒と異なり低音域を音声聴取の手掛かりとしていることから，遮音・吸音対策においては，周波数特性についても特別な注意が必要となる．

（2）難聴学級教室に求められる音響性能

　本規準で示された難聴学級教室に対する音響性能の推奨値を表 5.2 に示す．難聴学級教室は難聴生徒が集中して聴能・発声訓練を行う場であるため，できる限り静かな状態が望ましいが，規準では実現性も考慮した上で，室内騒音に関する推奨値を普通教室より 1 ランク上の 35 dB としている．ただし，上に述べたとおり，難聴生徒の個人差は大きく，騒音レベルの上昇が音声聴取に影響しやすいことを考えると，推奨値の 35 dB を上回ることは基本的に避ける．また，室間の遮音性能および床衝撃音遮断性能の推奨値についても，室内騒音レベルの推奨値と同様に，普通教室より各々 1 ランク上の値としている．

　室内の響きについては，音声聴取を容易にするためにできるだけ抑制した方がよいことから，残響時間の推奨値を 0.4 秒としている．一般に難聴学級教室は普通教室の半分以下の小規模の室を用いるため，残響時間よりも平均吸音率を目安として吸音処理を計画する方が適切である．その場合は，平均吸音率 0.3 程度を確保する．

表5.2 難聴学級教室に対する音響性能の推奨値

性能項目	推奨値	備考	I 規準
室内騒音レベル	35	必要な静けさ：特に静かな状態が望ましい	表2
室間音圧レベル差	45／50／60	音源側：中(1)／中(2)／大[*1]	表3
床衝撃音レベル	50	衝撃源側：I[*1][*2]	表4
残響時間 （平均吸音率）	0.4秒 （0.3程度）	響きの程度：短め	表5

[*1] 中(1)，中(2)，大はI **規準** **表1**の分類，IはI **規準** **表4**の分類を示す.
[*2] 衝撃源側に重量衝撃源を含む室の配置は避ける.

（3）難聴学級教室の配置計画

　第一に，難聴学級教室は大きな発生音が想定される室や騒音が大きい屋外への隣接を避けなければならない. 校舎内ではできるだけ静穏なゾーンを選定し，昇降口や階段から離れた校舎の端部や床衝撃音の影響を受けにくい最上階などに配置することが望ましい. さらに，図5.5に示すように待合室を廊下との間に設けたり，準備室や空き教室を隣に割り当てるなど，緩衝空間を配置すると効果的である.

　通級指導を実施する難聴学級には，ある程度まとまった人数の難聴生徒が他校からも集まることから，複数の個別指導室，集団指導室，聴力検査室，観察室，待合室などが設けられ，さらには言語障害学級が併設される場合もある. このような規模が大きい難聴学級の場合，校舎内のゾーニングを明確にして動線計画を工夫することで，静穏なゾーンをまとめて確保する必要がある.

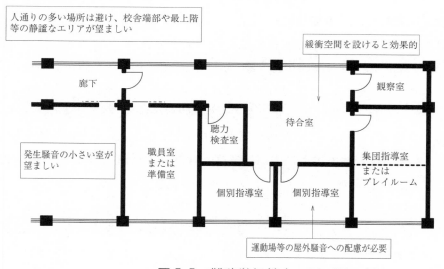

図5.5 難聴学級教室の平面図の例

（4）指導室の遮音設計

　難聴学級の指導室では，外部および他室との遮音性を普通教室以上に高めるために，基本的に窓は気密形サッシ，扉は開き戸を用い，隔壁はコンクリートまたはグラスウールを充填したせっこうボード両面二枚張りの乾式遮音壁によって，D_m または D_r の値で 45 程度を確保することが望ましい．さらに，指導室の配置状況によって，外部騒音が大きい場合は二重窓，騒々しい廊下に面する場合は防音扉を用いるなど，より高度な遮音対策が必要となる．

　指導室の天井については，床面積が通常 20 m² 程度の小さい室となるため，天井高を普通教室の標準高さ 3.0 m よりも低い 2.5〜2.7 m 程度にすることが一般的である．したがって，上階からの床衝撃音の防止が必要な場合，天井を防振支持した上で天井ふところにグラスウールを挿入することにより，遮断性能の向上を図るとよい．ただし，原則として，上階に重量衝撃源を含む室の配置は避け，軽量衝撃源が主となる室を配置する場合でも，必ず発生源側の対策を講じる必要がある．なお，小規模の難聴学級では，普通教室を改装して指導室に転用することが多いが，その場合は軽量間仕切壁や可動間仕切を用いず，遮音性能の高い間仕切壁とし，扉や天井からの側路伝搬音にも十分な注意が必要である〔**図 5.6** 参照〕．

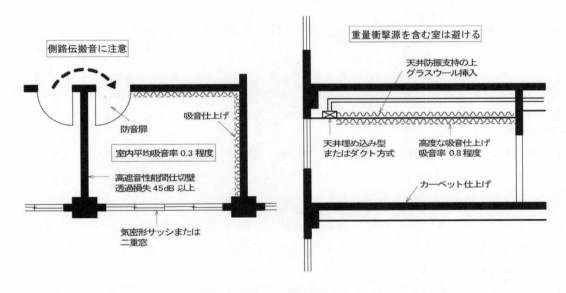

図 5.6　難聴学級教室の音環境の検討例

（5）指導室の吸音処理

　指導室では，難聴生徒が聴能・発声の訓練に集中できるように，室内の吸音性を高めて落ち着いた雰囲気をつくることが重要である．室内の吸音処理は平均吸音率 0.3 程度を目安として，天井全体および壁の一部を吸音処理し，床はカーペット仕上げとすることが望ましい．特に床仕上げについては，硬質の床材の場合，難聴生徒にとって耳障りになりやすい机・椅子の引きずり音が発生しやすいため，カーペットをできる限り採用すべきである．

　たとえば，床面積 20 m²，天井高 2.7 m の指導室の場合，室表面積は約 100 m² となるため，

30 m² 程度の等価吸音面積（吸音力）が必要となる．天井は吸音率 0.8 程度の吸音仕上げとすると，必要吸音力の約半分を担うことができ，残りを主として壁の吸音仕上げで補うことになる．なお，吸音仕上げについては，低音域の残響抑制にも配慮して，材料・構造を選定することが望ましい．

（6）設備騒音の防止

　一般に，指導室は気密性を高めて遮音性を確保することから，空調・換気設備が不可欠となるが，その設置には十分な配慮が必要である．空調機を室内に露出して設置すると，稼働時に室内騒音レベルの推奨値 35 dB を満たすことは極めて困難であるため，基本的に天井埋込型やダクト方式を採用すべきである．その場合にも，空調機の選定，ダクトの消音・防振計画，遮音区画の貫通部処理には十分に注意しなければならない．さらに，難聴生徒は低音域を音声聴取の重要な手掛かりとしているため，設備騒音の低音成分をできる限り抑制するような計画を行う．

　なお，設備騒音は機器の使用期間が経つにつれて増大する傾向にあるので，定期的な点検整備が不可欠である．

注1　聴力レベル：純音に対する聴力障害の程度を表す量．オージオメータ（JIS T1201-1:2011 参照）を用いて計測する最小可聴値の上昇量．単位はデシベル(dB)．

注2　伝音性難聴：外耳，鼓膜から中耳までの音を伝える器官の障害による難聴．補聴器等で音を大きくすることでかなり聞こえるようになる場合が多い．

注3　感音性難聴：内耳または聴覚神経の障害による難聴．大きい音は健聴者並にうるさく感じるが，小さい音は聞こえにくい，音が歪んで聞こえる，高音域が聞こえにくい等のため，補聴器を用いても効果が十分でない場合が多い．

参 考 文 献

1) 西沢啓子，宗方淳，佐久間哲哉：難聴学級の建築音響性能と教師の意識　－難聴生徒の教室音環境に関する実態調査　その1－，日本建築学会環境系論文集，598 号，pp.9-14，2005.12

2) 西沢啓子，佐久間哲哉：難聴学級および通常学級の音環境に対する難聴生徒の意識　－難聴生徒の教室音環境に関する実態調査　その2－，日本建築学会環境系論文集，631 号，pp.1069-1076，2008.9

3) 中川辰雄，大沼直紀：補聴器の評価に関する研究－音声と教室内の環境音の音響学的分析－，国立特殊教育総合研究所紀要，第 14 巻，pp.55-61，1987.3

4) 中瀬浩一，大沼直紀：聴覚障害児の学ぶ教室の騒音下における補聴環境の改善，聴覚言語障害，29(1)，pp.9-14，2000

5.3　乳幼児の保育空間

　0〜5 歳の乳幼児は言語や聴覚の発達の段階にあり，言語コミュニケーションにおいて周囲の騒音や残響による妨害を受けやすい．保育所，認定こども園，幼稚園といった保育施設の建築空間（ここでは保育空間と呼ぶ）は，そうした年齢の子どもたちが一日の活動時間の大半を過ごす場所であり，健康な発育に適した良好で快適な音環境であることが望まれるが，現実的には高い喧騒感と低い音声明瞭度という大きく 2 つの問題が起こりやすい．保育空間の音環境に関する目標設定は，WHO の環境騒音ガイドライン[1]をはじめ，文献 2) など各国の規格・基準などに広く見られるように重要性が国際的に認識されており，今後，わが国でも保育空間の音環境設計の充実を図るべきである．また，主に小学生が放課後の時間を過ごす学童保育施設についても同様である．

（1）保育空間に求められる音環境

　小学校以上の学校施設とは異なり，保育空間は自由遊びや歌唱，食事など，物音や自由な発声を伴う活動，読み聞かせなど聞き取りが重要な活動，健康な睡眠が必要な午睡という，幅広い範囲の活動が一日の中で行われる場であり，それぞれにおいて音環境面の配慮が必要である．

1)　言葉の聞き取りのための静けさの確保と響きの低減

　言語コミュニケーションにおいて周囲の騒音や残響による妨害を受けやすい乳幼児のために，保育空間は遮音や配置計画により十分な静けさを確保するとともに，吸音による残響低減が必要である．特に，保育の方式として複数のグループが同じ部屋を共用する場合には残響の低減は重要で，それによって明瞭度が向上するとともに，離れたグループからの声が低減することで，それぞれのグループ内での会話がしやすくなる効果が期待できる．

2)　午睡など休息のための静けさの確保

　住居における居間または寝室と同等の静けさが望まれる．このため，適切な遮音計画が重要であることに加え，床の振動が午睡に影響しないような配慮も必要である．

3)　喧騒感の緩和

　保育空間は，自由遊びや食事時間など，自由な発声により喧騒な雰囲気になりがちである．一日の等価騒音レベルが 80 dB を超えているという報告例もあるように，このような状況は園児や保育者にとって大きなストレスとなっており，さらに自閉スペクトラム症などに伴う感覚過敏の子どもたちにとっては耐えがたいものである．このような状況を避けるためには，まず室内の吸音性を高め，喧騒感を抑制する必要がある．また，ストレスに耐えがたい子どもたちのために，リラックスできる小空間を用意することも検討すべきである〔5.1 参照〕．

4)　遊び空間の確保，施設近隣の静穏性保全

　子どもの健康な発育には遊びが不可欠で，園舎や園庭でのびのびと遊べる環境が保育施設には求められる．しかし，過密な都市部では，保育施設で発生される子供たちの声が近隣に対して騒音となる問題も生じている．これを防ぐために，建築的な遮音対策や防音

壁の設置などの対策が取られることもあるが，これによって保育施設の子どもたちにとっての健康で快適な環境が悪化することは避けなければならない．

（2）保育空間における音源

実際の保育空間では，朝の集まり，歌や楽器，自由遊び，絵本の読み聞かせ，食事，午睡などさまざまな活動が行われる．保育室内での音圧レベル実測例を見ると，自由遊びや歌など比較的大きな声を出す活動時には，等価騒音レベルで 70〜90 dB 程度という高い値が示されている．また，幼児の声は 1〜2 kHz の比較的高音域の成分が卓越しており，これは吸音や遮音の点では制御しやすい周波数帯域である．

園児の活動に伴って，足音，飛び跳ね音，玩具等の落下音など，床衝撃音も多く発生する．複数階の保育施設の場合，乳児室が下階に配置されることが多いため，このような床衝撃音の午睡への影響が問題となる．

保育施設で発生するその他の音としては，給食室からの設備や食器を扱う作業音，送迎や配送の車，調乳室や沐浴室をはじめとする給湯設備，空調・換気設備が挙げられる．また，道路や鉄道など，施設外部からの騒音や振動も問題となりやすい．

（3）保育空間に求められる音環境性能

以上に述べた検討を踏まえて設定された本規準の保育室における音響性能の推奨値を**表5.3** に示す．未就学児の円滑な言語コミュニケーションのために，活動時の室内騒音レベルは通常の学校教室と同等の 40 dB とし，残響時間は学校教室よりも短い値を推奨している．午睡時の室内騒音レベルは，睡眠の質の確保の点から 35 dB を推奨している．

残響時間については，保育室は単一クラスが使用する学校普通教室の半分程度の室から，複数クラスが共用する大部屋まで，面積的にバリエーションが大きいため，残響時間よりも平均吸音率を目安として吸音処理を計画する方が適切である．その場合，学校教室における平均吸音率の推奨値 0.2 では不足との研究例[3] もあり，保育空間では平均吸音率 0.25 程度を確保する．複数クラスが同時に活動する保育室では，オープンプラン教室と同様の音響的配慮が求められる．すなわち，十分な吸音仕上げとともに，家具や園児の持ち物，吸音性をもつクッション等により残響を低減し，音声の明瞭度の向上と喧騒感の緩和を図る．

表 5.3　保育空間の音響性能の推奨値

性能項目	推奨値	備考	I 規準
室内騒音レベル	35 40	静かな状態が必要（午睡・休息用） 静かな状態が望ましい（活動用）	表 B2
室間音圧レベル差	50 45	音源側：中(2)（午睡・休息用）[*1] 音源側：中(2)（活動用）[*1]	表 3
床衝撃音レベル	45	衝撃源側：II[*2]	表 4
残響時間	0.4 秒[*3] 0.5 秒[*3] 0.7 秒[*3]	保育室（単一クラス利用，125 m³ 程度） 保育室（複数クラス利用，250 m³ 程度） 遊戯室（600 m³ 程度）	表 B3

*1　中(2)は I 規準　表 1 の分類を示す．
*2　II は I 規準　表 4 の分類を示す．軽量・重量衝撃源の両方についてこの数値を推奨する．
*3　平均吸音率 0.25 程度（I 規準　附属書 B　表 B3 参照）

　室間の遮音性能については，保育施設は日常活動の場でもあり，高い遮音性能を要求されないケースも多い．設計において遮音対策を講じる際に目標とすべき値を **Ⅰ 規準 表 3** に対応づけて**表** 5.3 に示した．床衝撃音遮断性能に関しても同様であり，**Ⅰ 規準 表 4** に対応づけた．ここで，保育施設における衝撃源は日常生活に伴うものであり，また，衝撃が発生する活動の時間を調整することも運用上可能であることから，静かな状態を必要とする室（午睡・休息を行う保育室）を下階に配置することは許容される．これらとともに，2～4 章に示す設計指針を踏まえ，屋外騒音や配置計画，設備騒音への対応も併せて良好な音環境を保全することが望まれる．

（4）音環境の問題を起こしやすい建築設計

　保育施設は，授業を中心とする小学校以上の学校と違って，保育の方式やフレキシブルな空間利用のために，建築設計に多様なバリエーションがみられる．しかし，時にはそれが音環境の問題を起こしうるので注意が必要である．以下に例を挙げる．

1)　吸音不足

　現状では吸音材や吸音構造が用いられない保育空間が大部分であるが，残響のため音声明瞭度と喧騒感の点で良好ではない音環境となる．ガラスやコンクリートは反射材である．木材を用いた仕上げも吸音性はほとんどなく，リブやグリッド状に施工しても吸音効果は期待できない．もし吸音が計画されないと，必然的に残響過多の空間となる．多孔質型吸音材や有孔板による吸音構造など，吸音効果を得るための設計が必要である．

2)　凹面形状の壁面や天井面

　円や弧など凹面は反射音を集中させ，音響的に不均一な空間を作りやすい．室内活動の音が凹面により園児の居場所に集まって喧騒が高まっている事例もある．したがって，このような弊害の原因となる凹面は，建築設計としてできるだけ避けるべきである．

3)　高い天井

　天井が高いと容積が大きくなり残響時間が長くなりがちで，残響のため音声明瞭度が低下するとともに，喧騒な空間になりやすい．その緩和のためには十分な吸音計画が不可欠なので，設計の際に音響専門家への相談が望まれる．

4)　ワンルーム保育室，移動間仕切壁

　室の使用形態としては，クラスごとに一室という形態もあるが，広いワンルーム空間を複数のクラスが共有し，いくつかのグループに分かれて使用する形態も多い．ワンルームの形態ではグループ間の遮音性が確保されず，複数のグループが発する声や音が行き交うため，十分な吸音により明瞭度を高めることが重要である．また，十分な遮音性能は期待できないが，表面を吸音性としたパーティションをうまく配置することによって，部分的に音の伝搬を制御することができる．

　フレキシブルな空間利用のため移動間仕切壁も多用されている．しかし，一般の移動間仕切壁は遮音性能がそれほど良くなく，また，遮音性を高めた製品でも隣室の声が聞こえる場合があるので，必要な遮音性能が得られるかを考慮して製品を選択すべきである．

基本的に，吸音を考慮しないと
残響が過多になる．

凹面は音を集中させて喧
騒になる場所をつくる．

高い天井，広い部屋は残響
が長くなるため十分な吸音
計画が不可欠である．

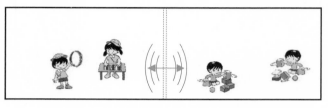

開口・隙間はもちろん，移動間仕
切壁や扉を室間に設けると遮音が
不十分になりがち．

図5.7　良好な音環境づくりのための留意点

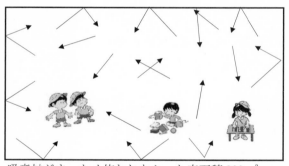

吸音材がまったく使われなかった床面積200 ㎡，
天井高 7m の遊戯室の例．大空間のため残響時間が
3秒近くもあり，会話が難しい空間となっている．

天井の一部や全部をヴォールト形状にした
例．凹面による音の集中と，高い天井によ
る残響の増加の両方が発生してやかましく
なりやすい．

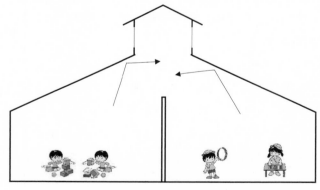

壁を凹面にしてベン
チ椅子のスペースを
つくった例．音の集
中を起こし，喧騒で
落ち着かない空間に
なりやすい．

高い天井の窓を両側から見られるように，間仕切り壁上部
を開けた例．音が行き交って相互に邪魔になっている．

図 5.8　音の問題が発生した実例

（5）外部騒音の影響・保育施設の発生音の近隣に対する影響

　敷地条件等の点で，保育施設に対する法的規制は学校施設や住宅等と比較して緩く，鉄道の高架下や工業専用地域などにも設置が可能であり，周囲の騒音や振動によって子どもや保育者にとって劣悪な音環境となるケースもある．保育施設は子どもの生活の場でもあり，住居に準じた良好な環境の保全が求められる．一方で，保育施設の性格から，住宅地域に建設されることが多いが，閑静な条件を必要とする住宅が近接してある場合には，保育施設で発生する音が近隣に対して迷惑を及ぼすことがしばしば問題となっている．したがって，近隣の住居への影響についても十分な配慮が必要である．

1)　園内外の音の遮断

　外部からの騒音を防ぐ，あるいは施設の内部で発生した音が外部に漏れないようにするには，基本計画の段階で適切な建物の配置と形状を考慮する必要がある〔2.2 参照〕．たとえば，隣接地への騒音対策が必要な場合，園庭を L 字，コの字，ロの字の形状の建物で囲むなどの配置がとれれば，音の伝搬を防ぐ上で大きな効果が得られる〔**図 5.9**〕．設備機器の配置や送迎・配送の自動車の動線や駐車スペースについても，配慮する必要がある．

　建物の開口は遮音上の弱点であるので，外部の騒音源や，内部騒音が問題となりうる近隣の方向に開口（窓や扉）を不必要に設けないことも考慮すべき点である．開口部の窓サッシなどの部材については，たとえば，複層ガラス窓サッシは音波の共鳴透過現象により遮音性が低下する周波数範囲があるので，遮音性能に関するカタログのデータを精査するなど，設計の段階で十分な検討を行う必要がある．

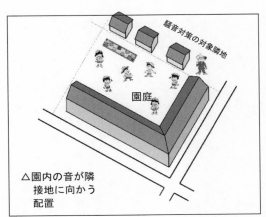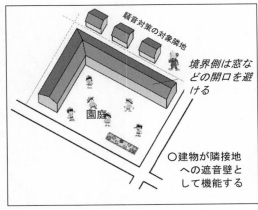

図 5.9　騒音対策を踏まえた園舎配置の例

　遮音壁については，施設の内部発生音の外部への伝搬対策としては，近隣の地上階に対してはある程度の効果が期待できる一方，音波が壁を回り込む回折現象のため，十分な遮音効果は望めないことが多く，また，2 階以上の近隣に対しては効果が期待できない．この点を踏まえ，遮音壁に頼りすぎない騒音対策が望まれる．

2)　特別な設置場所

　前述のとおり，保育施設の設置に対する規制は緩く，鉄道高架下の施設内や複合施設内

（オフィスビルや複合商業施設の中のテナントなど）に設置されている例も多い．高架下など鉄道近傍の施設の場合には，列車走行による騒音や振動が午睡に影響する可能性があり，高架の構造躯体から放射される固体伝搬音も問題となりうる．これを十分に防ぐには，遮音・防振対策に多大な費用が必要となる．複合施設の場合には，保育施設で発生する音や床衝撃音が近隣の施設に影響を及ぼす可能性がある．これを防ぐためには，保育施設側での遮音・床衝撃音対策が必要であるが，テナントの場合は建築音響的な対策が限られるので，注意が必要である．

参 考 文 献

1）　WHO: Guidelines for community noise, 1999
2）　Early childhood facilities (birth to age 8) design standards and guidelines, Department for Education, Government of South Australia, 2016
3）　野口紗生，上野佳奈子：保育室に求められる吸音性能に関する現場実験，日本建築学会技術報告集，60 号, pp.719-723, 2019.6

付　　録

1. 吸音率表

表1　代表的な材料の残響室法吸音率

材料名	仕様	材厚	空気層	中音域	オクターブバンド中心周波数, Hz						備考
					125	250	500	1k	2k	4k	
グラスウール 密度16〜24 kg/m³	—	25	0	0.65	0.10	0.30	0.60	0.70	0.80	0.85	
			100	0.83	0.22	0.57	0.83	0.82	0.90	0.90	
グラスウール 密度32〜48 kg/m³	—	25	0	0.73	0.12	0.30	0.65	0.80	0.85	0.85	
		50	0	0.93	0.20	0.65	0.95	0.90	0.80	0.85	
吹付パーライト		2〜3	0	0.17	0.03	0.09	0.13	0.21	0.18		コンクリート下地
吹付岩綿	押えない	15	0	0.76	0.11	0.34	0.67	0.85	0.89	0.92	〃
〃	〃	25	0	0.96	0.13	0.53	0.95	0.96	0.90	0.93	〃
岩綿吸音板		12	30	0.48	0.25	0.25	0.40	0.55	0.64	0.80	せっこうボード捨貼り工法
〃		12	300	0.48	0.39	0.45	0.42	0.53	0.62	0.75	Hバー工法
木毛セメント板		15	0	0.37	0.03	0.14	0.31	0.43	0.59	0.60	コンクリート打込み
木片セメント板		60	0	0.86	0.15	0.35	0.87	0.84	0.85	0.84	〃
有孔板 グラスウール ロックウール 裏打なし	4φ-15	5	45	0.28	0.02	0.09	0.25	0.31	0.15	0.10	
			90	0.34	0.07	0.12	0.39	0.28	0.21	0.12	開孔率が同じなら孔径と
			180	0.28	0.12	0.45	0.30	0.25	0.23	0.16	ピッチは変わってもよい
			500	0.31	0.45	0.31	0.31	0.30	0.30	0.28	
	9φ-15	5	45	0.16	0.01	0.05	0.11	0.21	0.16	0.13	
			90	0.24	0.06	0.08	0.21	0.26	0.22	0.22	〃
			180	0.24	0.08	0.24	0.24	0.24	0.31	0.32	
			500	0.32	0.30	0.25	0.27	0.36	0.39	0.42	
有孔板 グラスウール ロックウール 25 mm裏打	4φ-15	5	45	0.67	0.15	0.35	0.82	0.52	0.23	0.22	
			90	0.63	0.18	0.50	0.78	0.48	0.28	0.15	〃
			180	0.60	0.39	0.88	0.68	0.51	0.33	0.11	
			500	0.68	0.87	0.61	0.70	0.65	0.46	0.33	
	9φ-15	5	45	0.73	0.15	0.30	0.68	0.78	0.59	0.58	
			90	0.76	0.18	0.40	0.79	0.73	0.57	0.52	〃
			180	0.76	0.32	0.78	0.81	0.70	0.65	0.56	
			500	0.85	0.83	0.72	0.80	0.90	0.87	0.70	
ガラス	木製サッシ ラワン	3	0	0.15	0.35	0.25	0.18	0.12	0.07	0.04	
合板		6	45	0.12	0.18	0.33	0.16	0.08	0.08	0.10	
黒板		15	60	0.07	0.18	0.10	0.08	0.05	0.05	0.05	
掲示板		9	60	0.15	0.24	0.18	0.15	0.15	0.20	0.28	
プラスタ		10〜20	0	0.02	0.01	0.01	0.02	0.02	0.03	0.03	コンクリート下地
Pタイル		2〜3	0	0.02	0.01	0.01	0.02	0.02	0.02	0.03	〃
木造床仕上げ		15	100	0.12	0.16	0.14	0.12	0.11	0.09	0.07	〃
カーペット		4	0	0.05	0.03	0.04	0.08	0.02	0.35	0.45	〃
木製机・椅子	合板等			0.14	0.08	0.15	0.12	0.15	0.18	0.20	1席あたり, 1人あたりの
同上小学生着席				0.28	0.17	0.22	0.26	0.30	0.33	0.36	等価吸音面積 [m²]
〃高校生着席				0.34	0.21	0.28	0.31	0.36	0.41	0.42	

２．音響透過損失表

表2 代表的な材料の音響透過損失

材料名	仕様	厚さ mm	オクターブバンド中心周波数, Hz					
			125	250	500	1k	2k	4k
コンクリート	－	100	33	37	46	53	59	63
		150	36	40	49	56	64	69
気泡コンクリート	－	100	30	31	28	35	44	46
		150	32	34	32	43	50	56
押出成形セメント板 穴あきPC板	－	50	32	32	35	37	43	50
		100	35	38	44	53	60	67
コンクリートブロックB種	両面素面	150	20	25	28	32	36	42
	両面オイルペイント吹付	150	27	33	40	48	54	51
	両面モルタル塗25	200	31	35	45	52	57	59
ガラス	単板ガラス	FL3	15	20	25	30	33	26
		FL5	19	24	29	33	28	31
		FL6	19	25	31	34	29	34
		PW6.8	21	25	32	35	29	37
		FL10	24	28	34	33	35	43
	合わせガラス	L10	25	28	33	35	36	46
	複層ガラス	FL3-A6-FL6	22	23	26	34	37	42
ラワン合板	－	6	11	12	16	21	24	22
		12	20	21	23	26	24	28
パーティクルボード	－	20	21	25	26	25	24	－
		40	19	24	29	34	35	－
鉄板	－	1	9	14	20	26	30	37
		4.5	22	27	34	39	41	38
小角波形カラー鉄板	－	0.4	15	15	17	22	22	23
アルミニウム板		1.2	8	11	14	21	27	30
アルミ中角波板		0.8	9	11	12	16	16	20
鉛板		1	26	26	28	32	38	43
スレート小波板		6.5	12	18	24	25	30	42
せっこうボード	1枚	9	14	17	21	27	32	28
		12	15	19	23	29	33	29
		15	16	20	24	29	28	32
		21	17	23	28	30	28	35
	2枚重ね	12×2	17	23	28	32	36	35
PB12－A65共通間柱－PB12			16	21	29	39	46	39
PB12－A65GW挿入共通間柱－PB12			15	32	47	54	52	44
PB12×2－A65共通間柱－PB12×2			20	33	40	51	55	51
PB15×2－A65共通間柱－PB15×2			29	39	47	55	52	56
PB15×2－A65GW挿入共通間柱－PB15×2			29	43	49	56	55	54
PB15×2－A65GW挿入独立間柱－PB15×2			34	49	61	69	65	70
PB21×2－A65GW挿入独立間柱－PB21×2			39	50	60	65	62	72
強化PB9.5＋PB21－A75GW挿入独立間柱－PB21＋強化PB9.5			42	51	57	62	67	66
普通サッシ（ガラスFL5）			15	20	20	19	19	25
防音サッシ（ガラスFL5）			20	24	29	31	31	32
二重サッシ（普通＋防音：FL5－A150－FL5）			25	32	40	40	38	42
鋼製扉（鉄板2－A45－鉄板2）①			25	30	34	37	36	35
アルミ製防音扉②			22	33	38	43	49	50

［注］
　FL　：フロートガラス
　L　　：合わせガラス（中間膜　ポリビニルブチラール（PVB）　厚さ 0.76 mm）
　PW　：網入り磨き板ガラス
　A　　：空気層
　PB　：せっこうボード
　GW　：グラスウール（24～32 kg/m³，50 mm）

建具

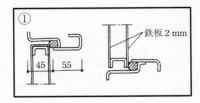

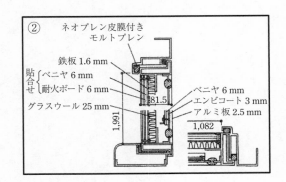

日本建築学会環境基準

AIJES-S0001-2020

学校施設の音環境保全規準・設計指針

2008年3月20日　第1版第1刷
2020年6月10日　第2版第1刷

編　集
著作人　一般社団法人　日本建築学会

印刷所　昭和情報プロセス株式会社

発行所　一般社団法人　日本建築学会

108-8414　東京都港区芝5−26−20
電　話・（03）3456−2051
ＦＡＸ・（03）3456−2058
https://www.aij.or.jp/

発売所　丸善出版株式会社

101-0051　東京都千代田区神田神保町 2-17
神田神保町ビル
電　話・（03）3512−3256

ISBN978-4-8189-3636-2　C3352